U0000948

生活中，選擇留下合適舒服的人

謝雪文 雪兒 CHER／圖‧文

MY LIFE MY RULES

贊同推薦

在三十五歲的時候，剛好面臨職涯轉折，和雪兒一樣，勇氣爆棚選擇自己創業！在職場打滾這些年，增長的不只是年紀，還有心境。在人生的不同階段，遇到的所有考驗和挫折，都會讓我們更認識自己。有選擇的自由，才能自由的選擇，人生沒有一定要活成什麼範本，只要適合自己，就是最好的模樣！

——Emily（空姐報報 Emily Post）

經歷教育改革，薪資停滯，房價飛漲，壽命延長，即將邁入不惑的世代日子不好過，不婚不生從選擇變被迫，小資生活從時尚變無奈。Life is a bitch……但幸好還有旅行！

——田臨斌（老黑看世界）

從雪兒的文章裡，我彷彿看到現代版的三毛，無畏追求夢想，讓勇敢成為一道光，人生旅行豐盛精采，也映照出生命全局的清明與睿智。踩過的荊棘從此化為獻給讀者——出走的勇氣和溫柔的祝福。

——林庭妃（薰衣草森林創辦人）

在半熟的軀殼裡藏著一個剛學會走的孩子，奔馳、闖蕩、開心時恣意舞著，無論如何都想照自己的心意活著，是讀完這本書的暢快感受。蒼穹之下印滿足跡，深深淺淺的灑脫，是人生路最過癮的闖蕩方式。

——威廉（職場人際暢銷作家）

很多人在接近前中年的時候，就會有很多的人生目標不明確：職場的瓶頸、工作轉型、斜槓收入，感情關係的焦慮，我們都需要學習如何好好生活好好陪伴自己。這本書給予很多需要力量和勇氣的人，注入一劑強心針，實際上我們值得過更好的生活，並且維持身心靈的平衡。

如果能夠，能夠學習像雪兒一樣，轉念，把日子過成自己喜歡的樣子，那麼我覺得你絕對需要讀這本書。

——銀色快手（知名作家）

雪兒的字裡行間可以看見她溫暖真誠的性格及誠實自省的態度。做自己並非對於主流社會的抵抗，而是願意給自己的人生更多自由與祝福，提供了女性覺察自身所需的勇氣與自信。

——賴冠羽（齊力創新創辦人）

自序　半熟不熟，四十歲的我過得很好嗎？

整整五年，沒有推出實體書籍作品，浪跡天涯的旅行也走到了另外一種路途，我從一個吃苦耐勞的窮苦背包客，如今住得起飯店、吃得起牛排大餐、荷包也不像過去扁得不像話。寫作跟社群的收入早已經超過當年小主管的薪資，別人羨慕我說：「現在的你簡直就像人生勝利組，過著許多庸碌上班族夢寐以求的退休生活。」

照理來說，聽到他人的忌妒羨慕恨，本應驕傲到屁股翹起來，鬍子翹到天邊去，走路都會自帶閃光燈。但相反的是，我沒有太多喜悅，反而感到不安跟惶恐，或許曾經我勇敢地追求自己想經歷的人生，也走過充滿冒險故事的旅行，不過面對日曆一天天翻過去，仍然對於未來有著深刻的徬徨。

四十歲，該要有什麼模樣呢？

迎來四十而不惑的年紀，如今的收入跟歷練相較剛畢業時的自己，的確過得游刃有餘並不心虛，不過除了眼角出現短皺紋、肚子脂肪有點難減下去，偶爾從黑髮間有幾根白髮藏在其中外，真心覺得我一點都不像中年歐巴桑。桌上常放滿零食跟漫畫，沒事就追著韓劇跟咬著牛肉乾，住在家裡還是照三餐被老媽念，心態像極黃毛丫頭，懶散、任性，老想揪著朋友出去玩。

照著鏡子看自己，我沒老阿！就算沒有認真保養，皺紋也沒堆疊到顯而易見，拿起手機的美顏相機開始自拍，都覺得照片裡的自己只有二十五歲，衣櫃裡還是那幾件家居服，有時會想：「這該是大人有的模樣嗎？」

沒有穩定收入好嗎？自媒體的挑戰

為了追求自己想要的經歷，三十四歲時我把穩定的工作裸辭，從資訊服務跳到自媒體，那時「網紅」一詞還沒爆炸性發展，我便決定挑戰從零收入開始活下去的本事，沒想到一路貴人相助，一路走了五年六十多國，靠著旅遊達人的名號成了另類職人，上電視、上廣播、接演講、接廣編合作，教人怎麼省錢去旅行。

多數人只看到後幾年光鮮亮麗的模樣，卻不明白時常我都有篳路藍縷的心境。習慣多年有月薪的收入，如今是有一頓沒一餐的，我也擔心害怕這條路隨時會走不下去。人都在看自己沒有的，去羨慕別人擁有的，卻不知道路途荊棘坎坷，所做的每一分努力隨時都可能化為泡影，越是努力，越是想要放棄，就像打七傷拳一樣，出拳之前先傷自己，還不知道打出去的是不是幻影。

這幾年不同平台的竄起，我還是用過時的 Fcebook 跟部落格，一直有人叫我當 YouTuber，後來一陣子有人叫我做 PODCAST，看著粉絲四處游竄，文章觸及掉谷底，還有一些踢館的留言，也會做到心累想收攤。跳出職場想圖自由，沒想到越發不自由，曾以為流浪就是自由，卻綁在吃住交通的枝微末節進退兩難，或許自由讓人嚮往，但經歷才能讓你放下枷鎖。

單身一輩子好嗎？我也有嚮往的幸福

突然有天臉書跳出了「唐國師」的星座分析，單身貴族第一名就是魔羯座，內容敘述的狀態跟現在八九不離十。沒了另一半，我會更自由，擁有絕對的生活自主權，少了黏膩的情人話語，還有愛恨拉扯，大多時間我是滿意這個狀態，只是遇到節日，單身狗還是會寂寞，看著愛情連續劇，還是會流淚，吃著整桶爆米花，嫌太多。

四十歲，逐漸也沒人催促你要嫁誰，逐漸對於感情欲望往下滑，也抱定或許這輩子就單身。只是偶爾在街上看到一對對情侶在灑狗糧，就覺得自己是不是不該那麼早放棄，但聽著一群人妻在抱怨嫁人後結婚生子生活的點滴，又覺得一個人活也挺好的。

我要過得好好的，可以嗎？

經歷了二十九歲的關卡，原本以為到了三十歲就會瞬間蒼老，後來才發現所謂的長大，不是經歷年歲，而是一瞬間。

美國亞利桑納州 羚羊峽谷

當年同事自殺，聽聞後整天蹲坐在椅子上，眼淚流到谷底，心想他選擇「死亡」這條路，難道是人生只剩「不想活」這個選項嗎？憶起過往我在印度沙漠中暑時，腸胃翻攪拉血在馬桶中，曾瞬間以為就要客死異鄉，當時只想拚命活下去。同時聽同學講述著在病房外怎麼簽署母親的「放棄急救同意書」，更明白有些事，死亡不是不到，只是時候未到。

曾經想要急著跟身邊的人證明自己，賺很多錢、幸福美滿，日子過得精采萬分，索取各種掌聲。但或許真實的好，是自己跟自己說：「**凡事都會好，那些不好，只是經歷而已。**」

人的迷惘，是一輩子的功課，沮喪跟不安會一再地重複，追求沒有夢想的理想人生，踏實追逐自己認可的生活，就算再壞，日子都會好起來的！此書寫給一群和我有同樣的靈魂，不卑不亢地頑強耍廢，不再逼自己長大變好的人。

雪兒 Cher

目錄

目錄

PART 2

距離產生美感的友情，再近，都要保持社交距離

PART 3

兩代之間，再拉扯，請學會彼此靠近

目錄

PART 4

感情，再相愛，都需要曖昧的距離

PART 5

職場中的事，再差，下班後就關掉距離

PART 1

與自己對話，再遠，都沒有距離

1
逃避，是一種對自己的善良

逃得了一時，逃不了一世，最終取決於心態的選擇。

逃避並不可恥，可恥的是你不覺得自己在逃避

隨著年齡增長，越發感慨日子過得一事無成，想到小時師長諄諄囑咐，做人要有目標，專心考試念書，長大要功成名就賺大錢，有良緣婚配對象就要早日成家立業。沒想到三十好幾，還是單身狗一隻，就連正常職業都沒有，對外說是生性浪蕩的旅人，實則是在家吃軟飯的女兒。

過去我也工作逾十年，曾經拋頭顱灑熱血奮力在職場往上游，主管把我的功勞搶去，老闆用剛畢業的新人取代我；感情中也曾呈現拚命三娘般地討好對方，結果越是努力，才發現日子越過得艱難，越過不下去。

逃避什麼都做不好的我，終日沉溺在網路社群跟連續劇，想逃到一個沒人認識我的地方過生活，這樣就不會有人給我評價打分數。最後我跑到國外打工度假一年，我發現「逃避並不可恥，可恥的是我不肯面對自己」。無論在職場或是感情中我都在否定自己，認為一定是自己做不好，所以最後升職加薪的不是我，走進婚姻的也不是我。

逃避到最後，都覺得自己像一個廢物

「你是因為不想工作，就逃避到國外去打工度假嗎？」演講時，台下某個人問我。

以前若有人問，我會假掰的說：「不是，我是為了想找尋自己，想完成以前的夢想，想嘗試不同的生活。」現在會直接說：「對！我就是不想面對現實，日子再過下去沒有不好，但我會很不好。我只是在找活下去的方法，『離開』是唯一能活下去的出路。」

事實上，逃離到國外的生活並沒有變好，卻因為文化的衝擊，以及相遇各國奇趣的人事物，轉而改變充滿厭世的工作心態。實際上打工度假那一年，我並不喜歡國外的農場工作，無論是採草莓跟包裝蘋果都是累死人不償命的勞苦工。但我享受在異鄉的生活、享受在繁忙勞苦結束後，煮一頓慰勞自己的饗宴、享受假期間與各國夥伴的四處探險旅行，我愛上一無所有的自己。

埃及 黑白沙漠

最終改變了心態，我學著面對過往所逃避的人事物，發現一切都沒這麼嚴重，也沒有到活不下去的地步，只是走不出去對自己的期待而已。

逃避，變成了一種動力，廢物也有廢物的價值

歸來後返回職場，認清工作的本質就是賺錢，不是一種人生成就，不需要汲汲營營逼自己去喜歡工作，計較職場小人步數，把離職當目標，但不是任性離職，而是有目標的離職。

下班後我寫作，辦旅遊聚會，上台演講分享，逃避變成了一種動力，三年後我順利離職，轉職文字創作者，繼續逃回世界旅行，過足夢想中的旅行癮，出了幾本書，經營自媒體而活。

逃避，最終取決於心態：如何看待自己的選擇

曾經我也是在職場谷底爬不出來的迷惘人，心靈雞湯喝了一百遍也不覺得有用，轉念後才明白不是雞湯沒用，而是活得太堅持，卻無法面對逃避的心態。

「逃避」是我基因中根深蒂固並無法治癒的絕症，也歷經千刀萬剮的「懊悔」洗禮。認清逃避不可恥，可恥的是不願意面對，任何的逃避都有底線，生存重於一切，不要逼迫自己非要完美不可。

過去我急著逃離家，最後四十歲還與家人同住，因為有過遠行的日子，才珍惜家是睡得最安穩的地方。

過去我急著離開職場，最後成了一位自由工作者，當逃避變成了目標，可能會創造另外一條路途。

過去我急著想嫁人，最後我還是一個人，當你發現戀愛吵架並不美好，才知道單身的奧妙。

逃避，不是不好，也可能轉向成動力，畢竟趨吉避凶人人都要。逃掉一些不願面對的人事物，就像春節適逢疫情期間，正好可成為逃避見親戚的理由，的確幫許多不愛參加大家庭聚會的人解套。不過，任何事逃得了一時，逃不過一世，最終人都還是要面對自己，想想日子接下來該怎麼過，而不是忽悠忽悠過一生。

2

跳過問題，讓自己好過

解決問題的方式，有時就是「跳過」，當你不被問題所纏繞，那麼心就會自由。

認清自己想逃避問題的心態是無法解救的病症後，我反思過往抑鬱的病狀，為何過往總是習慣把自己逼到牆角，或老是在十字路口走不下去。最終我給了自己一個解釋，應該是太想解決眼前的問題，最終把問題搞得複雜。

落入問題困惑的迷霧森林，變得疑神疑鬼無法自拔

我是屬於高敏感體質的人，例如同事A今日對我態度不好，我就會以為是不是前幾天得罪他、朋友B拒絕邀約，我就想他是否對我安排的時間有意見。很常一不小心就陷入腦補的迷霧森林，找不到答案、也找不到出口，問題懸在心上，讓人睡不安穩，朝思暮想好生疑惑，一心想解開這個謎團。

本來想問個清楚，卻臨陣退縮，本來想追根究柢，卻發現沒了源頭，於是問題沒了開端，也沒了結尾，好像整件事情都與你無關，自己卻陷入裡頭；好像全世界的錯都是你的錯，但卻不知道錯在哪裡，我很痛苦，也不知道該怎麼辦。

有些問題本身是沒有辦法解決的，你必須先跳脫問題

很多人都會說「別想太多」，但身陷泥漿的自己，眼睛看不見、耳朵聽不到，雙腳不能動，生活完全被情緒掩蓋到無法動彈，人都習慣陷入解決困境的迷思中，卻忘記造成問題的根本並不是自己。

朋友A因為男友移情別戀愛上了別人困擾不已，我告訴她，有一部分可能是你們之前的關係早已變質，你是當事人，卻也不是當事人，他選擇了別人，你卻活在他選擇別人的痛苦中。問題早就出現在你們中間，你試過挽回，他試過回頭，最終他還是愛拈花惹草，不是你退讓八百萬步就可以解決，**所以跳過，讓自己好過**。

朋友B某天終於鼓起勇氣跟喜歡已久的男生告白，卻被男方無情的拒絕，B說這名男生原來是跟自己無話不談的好友，結果告白後變成了逃之夭夭的逃友，更可惡的是他刪了B的臉書，並封鎖了她的訊息。她對於告白兩字懊惱不已，沒想到竟然會換成無止盡的淚水，想著該怎麼走出告白失敗的困境。我跟B說，這是那個男人的問題，或許他沒想到你喜歡他，也沒想過該怎麼拒絕你，所以只好徹底消失逃避，你也只是表達自己的情感，想再多也無濟於事，**所以跳過，讓自己好過**。

跳過，讓自己好過，才是正確的做法

大多問題並非一朝一夕造成，也不是想盡辦法就可以解決，往往最難摸透的不是問題，是人心，既然無法解決，也不能自己解決，想再多也是往胡同死巷去，何不撒手呢？人心難測，把自己陷入了別人的謎團，當然難以自拔，既然你無法決定別人的想法，那就不要去幫別人的想法做決定。

他不愛你，就是不愛你，放一條生路給自己走，這個世界不是只有一個他，你也不見得非他不能活，又不是演連續劇，不要活得這麼死去活來。他不理你，就是不理你，告白失敗又怎麼樣，你人生還可以有無數次的告白，雖然會傷心一陣子，但好在你不必為他患得患失一輩子，失去的會在其他地方找回來。

解決問題的方式，有時就是「跳過」，當你不被問題所纏繞，心就會自由

當你走到另外一個高度，再回頭看見原本的問題，或許你就會想「這也只是人生一段經歷，沒什麼大不了」。

我在看許多事情的時候，也是如此！仍會迷惘，保持迷惘，但不被迷網困住到無法前進，就當上天給你一個關卡，有時候走過了，問題有沒有被解決也不重要了，若你把自己困在問題中，誰也救不了。

奧地利 薩爾茲堡

3 低潮，是一種慣性定律

人都有黑暗面，就怕你只想活在光明面。

數年來我常在網路上撰寫正向文章，鼓勵失意的人踏上旅程，讓人誤會我個性陽光，實際上我常常面對突如其來的低潮，像是心底住了一個神出鬼沒的惡魔，老趁你沒有防備就掩蓋對明天的期望。為何持續寫作？或許也是低潮期自我療癒的一種過程，抽絲剝繭情緒的洋蔥，哭著哭著有天就不再怕低潮的味道太嗆人。

低潮對我來說是一種慣性定律

剛開始寫作時，思緒跟文字沒有並排走，沒有辦法完整解釋低潮的來源，只能敘述低潮來襲的氛圍，好似原本走在風和日麗的道路上，天空突然飄來一陣烏雲，又是打雷又是閃電，淋了一身雨的我沒辦法怪老天，沒辦法怪自己，但感覺好像全世界都在跟我做對，不管走去哪裡接下來都容易遇到倒楣的事情。

此時已經忘掉之前晴天的愉快，面對一再的跌倒，已經無法期待烏雲散去的美好，對於現狀感到萬分沮喪，不由得開始去懷疑自己的初衷，責怪任何讓自己不開心的藉口，迷失在內心的荒野叢林中。

是人都會低潮吧！不管在旅行或是生活都會遇到，我想我不是特例。

不是旅行、出走，就不會遇到低潮

曾經，我以為離開原生環境或許就能改善低潮的發生，不過我在旅途中也遇到了好幾次情緒風暴，都讓我懷疑「出走」的意義到底是逃避還是為夢想冠上虛榮的徽章。

在紐西蘭打工度假的頭一個月，由於投靠親友，我完全切斷了和其他背包客的消息來源，我始終跟工作擦肩而過，接著陷入了低潮。打工度假真的沒有想像中那麼好，尤其當生計出現缺口的時候。倘若不想走到最後一步打包回府，那就必須打起萬分精神找工作，於是只好化沮喪為力量，為了工作花一大筆錢買車，最終拿到工作的那一剎那，真心覺得像中了樂透，雖然車子在兩個禮拜後就被某個紐西蘭當地老人家撞毀。

在斐濟旅行的一個禮拜，剛下飛機是滿天陰霾，我祈禱著之後天氣會變好，卻事與願違，雨沒停過外，出海還遇到颱風，甚至返程前我食物中毒。我把全世界的神明都求了一遍，病症仍讓身體痛苦打轉，最後還是靠著旅伴去幫我求救，才讓身體的痛稍微舒緩。

之後旅行都會發生悲劇；澳洲旅行的第一天，我就掉了全身證件、在布里斯班工作的時候，被黑心老闆關在農場一個月都無法出門、在東南亞旅行，雙腳被蚊蟲叮的

俄羅斯 貝加爾湖

滿是瘡疤、在泰國，我在完全沒有人會說英文的地方找下一站路途。

旅行也是有各種低潮，只是因為在路上，沒有太多時間想太多，也讓自己明白困境是路上本來就會有的，你不應該花太多時間去猶豫，所有的問題都可以被解決，或是不解決。你可以選擇面對，或是跳過，隔日眼睛一睜開，又會是全新的一天。

學會面對內心的不安，告訴自己那是正常的，不要害怕

事實上，壯遊歸來的前半年是我人生最大低潮，白日拖著身軀工作卻沒有熱情，夜晚思念旅途自在的靈魂，我在現實與夢想中徘徊，也試想過辭去工作再度踏回旅途，最終把思念轉成文字，低潮表於章節中，逐步走出不安的情緒，明白低潮只是一時的，內心正在提醒你：「該停下來，看看自己！」

內心越是纖細的人，越容易情緒陷入恐慌，而寫作在低潮的路上給予我很多幫助，梳理不同內在的聲音，讓它互相撞擊、沉澱、和解，最終我慢慢整理一個週期。面

對低潮時告訴自己：「**沒有什麼過不去，去傾聽心底的聲音，遇到困境就去解決它，然後雨過一定會天晴。**」

低潮對於我來說是一種慣性定律，面對它，好過逃避它

有人問我是否可以預防低潮，我說：「低潮不是病，每個人都有不同的調適期。」千萬別覺得自己想太多，更別覺得低潮是生病，首要的是承認自我黑暗面的存在，而不是消滅跟逃離，有時候真的只需要靜靜的陪伴，或是若無其事聊一些正常的事就好。

隨著一次又一次自我調整，低潮的時間從數週、慢慢的只要幾天，人都有黑暗面，就怕你只想活在光明面。

4

低潮時，請相信你的直覺

低潮不是病，沒有人有義務懂你，不過自己要懂自己。

不管工作或感情，只要碰到無法掌控又準備失控的局面，很難不陷入低潮，就像迷失在百慕達三角洲漩渦，怎麼爬也爬不出來，我是屬於間歇性低潮，不需要任何原因下一秒就可以憂鬱。

我的憂鬱是原色，趕不跑也無法抵擋

在國外旅行時我發現自己有原色憂鬱，不是離開原生環境就可以脫離負面情緒，即使身在風光明媚的世外桃源，也會突然間感到沮喪，無法按下相機快門，不想交際，想拚命吃東西，想找人陪伴，卻又很怕自己的情緒怪物把人嚇跑，想趕快振作，卻什麼也無能為力。

因為一個人旅行，更有時間去分析低潮期的狀態，回溯故有時光，才發現，低潮憂鬱是我青春期就開始。當時倘若狀態良好，很快就能從憂鬱中走出來，反之當時遇到不好的人事物，就很容易陷入無限循環的低潮期，會一直否定自己所有的行為與存在。

高敏感的人總是容易受傷，一直輪迴在心裡異常

我將自我分析的心理狀態寫成文章，分享在不同的社群平台後，才發現此類人屬於高敏感族群，當憂鬱來襲時常常一秒進入黑洞，必須額外花很多心力才能走出。於是我嘗試進入低潮黑洞初期，試著抽離成為情緒第三者，發現初期的自己會變得多疑、不安、無法入睡等症狀，腦子常會出現過往討厭者的嘴臉，彷彿要刺激自己面對什麼，感到易怒焦慮。

最終我找到一個方法讓自己好過，就是低潮時告訴自己「你的直覺是對的」，盡量斷開社群連結，不輕易跟身邊的人取暖，不讓別人的言語影響自己，透過書籍、文

章、音樂來放鬆心情，試著在獨處過程中找到溫暖。

當我不否定自己，這就是走出低潮最好的途徑，只有自己好起來，生活才能回到正軌。

低潮不是病，但都必須被重視，被安撫

我告訴自己，喜歡是一時，不喜歡也是一時，就像旅行一樣，總是碰到路途崎嶇，一度想要放棄，覺得看不見盡頭，越來越困惑，想要回頭。

過了想大哭大鬧的時候，也過了大吃大喝把自己弄累的時候，也過了找一堆人傾訴不安吵鬧的時候，人人都想要完美，但世界上沒有十全十美，總有一種美，就是天然美，是自己可以接受的。

面對低潮時，開始找時間獨處，把那些悶在心中的情緒一點一滴釋放，抓出那些讓

你鬱悶或不安的感受，去釋懷、傾聽，不要陷入牛角尖中。低潮的情緒讓人無力，也告訴你：「停下來，看看旁邊的風景。」

沒有人有義務懂你，不過自己要懂自己，這是一時的情緒病

學著該如何與低潮共處，明白低潮人人都會有，就像經歷旅途時天氣不好的風景，你沒辦法改變天氣，也不能改變周遭人的看法，沒有人有義務要懂你，只有自己能拯救自己，不需要找到真相，但至少要思考困惑絕對其來有自，那可能是生活或旅程中累積的轉折。

情緒低谷或許來自走太快、太急躁，或者根本沒有什麼原因。請相信低潮不是病，但都必須被重視、被安撫，唯一不能換的，也只是自己，就怕你待在原地，哪裡都不想去。

憂鬱時期，你所擔心的90％都不會發生

躲起來是自保，因為你不想讓人看到你的脆弱。

發文是自救，因為你需要有人關心。

有些事情無法解決，態度很重要，情緒是關鍵。

人人都會到谷底，解決問題需要一點決心。

不好的事情都會過去，就當是老天爺的考驗。

每一次的低潮都告訴自己，這會是另一個轉機。

希臘 科浮島

5

最終，還是要活成一個人

孤獨也是一種人生的累積，我在適應孤獨的情緒。

腦子裡一直記得小時候某個早上，甦醒之後下床開始找媽媽的身影。家裡的鐵門是關的，燈都是暗的，我一直哭，一直哭，哭到眼淚都乾了，爸媽從外地回來把我抱著，我啜泣的說：「你們去哪了？我一個人好害怕。」然後黏著爸媽，一刻也不想離開。

我是害怕孤獨的，成長的路上不停的找尋各種夥伴，總想著跟誰去看電影、跟誰出去玩、跟誰去圖書館念書、跟誰一起上大學，不想落單、不想沒人可以說話、不想一個人活，卻最終感覺活得孤伶伶。

感情失意，沒有人能拉我走出失戀的漩渦；工作失意，沒有人能給予我任何實質的建議；人生失意，沒有人能告訴我該往哪裡走。我成了三失族，失去愛情、失去工作，同時失去自我。**為什麼我會變成一個孤獨的旅行者？**

有人說：「失去自我時，就請踏上旅程找回靈魂。」於是我離開軌道往不同方向去，卻還是害怕孤獨，不停在路中找能同行的人。其中遇到幾位起先以為是合得來的旅伴，有著相見恨晚的情愫，後來發現原來是我被鬼遮眼。一開始跟你說什麼都沒問題，但出發之後什麼都是問題，讓我瞬間從天堂掉入地獄，即使身在優美的世界奇景，仍感覺快樂不起來，多希望記憶有刪除功能，有些人真的離開之後就別再想起。

於是我學著獨自旅行，剛開始真的很害怕，但逐漸會上癮，不需要因為跟人分帳、為著兩塊錢吵得面紅耳赤，或是因為不吃某類食物必須找數十間餐廳而氣急攻心；不用配合別人演戲，同時也學著走進孤獨的內心，透過高低起伏的旅程林林總總，眼睛看的、耳朵聽的，學著跟內心另外一個人分享喜怒哀樂。

孤獨也是一種人生的累積，我在適應孤獨的情緒

適應孤獨，不是立即立竿見影，而是訓練自己獨自思考及判斷的能力，過去總覺得別人有的，自己應該也要有，羨慕別人之後就很努力想跟別人一樣，可是當我獨自旅行之後，我想別人有的，我也不一定要擁有，畢竟自己不應該有的，想必怎麼求也不可得。

適應孤單，發現旅途中大半時間我都在放空，感覺孤獨沒有什麼不好，一群人也沒有不好，沒有人必須要犧牲才能得到什麼，也沒有人要依賴誰才能回到個體，最終都是孤獨的靈魂。

德國 國王湖

面對生死的無常，如季節的更替

A的父親去世兩年，常覺得心就像被掏空一樣，希望我能給她一些鼓勵，我則說：「每個人都會離去，沒有人會一直在身邊，一些人留下，一些人離去，最終我們也會離開這個世界。」

以前很介意人提起死亡，但人活著的盡頭本來就是死，留下的人想得到死去人的祝福，原本就是一種奢望，畢竟我們無法揣測逝去靈魂的思考。尤其當新冠肺炎疫情拆散無數家庭的幸福後，更要懂得如何看待無常。生死如花謝花開，四季更替，即使是最愛的人都可能來不及好好和他說再見，這時候，想起過去相處的時刻，沒白費的日子裡，即使最後只剩下我一個人活，那又如何。

最終，還是要活成一個人

我在從印度瓦那拉西前往加爾各答的火車、超過二十四小時的車程上，在雖有一群人但一個也不認識的包廂裡，醒來就是放空，不然就是看書；夜晚我逼自己入眠，在一陣陣鼾聲中疲憊地睡去。旅行大半的時間都在等待，靜靜地從不同的城市，移動到下一個據點，內心只有一個期待：到了下一個城市想找一張床，好好睡去。

所謂的孤單，是你對別人還有所期待，而我習慣等待；不是等人來把我接走，而是等下班車到達的鳴響，我要上車，去下一站，不會為誰而停留。

就算一個人活到老，看似活得瀟灑跟坦然，實際上只是不為誰停留罷了。有次我和朋友說，生前我會把死這件事情交代清楚，包括葬禮跟身後物，盡量生不帶來、死不帶去，活著時，好好活著就好！

6

逐步丟掉不想要的，才能撿回簡單輕鬆的人生

丟掉，還可以撿回，一直不丟就沒有空間容納新的美好。

年輕時，薪水不多卻很愛亂花錢，認真揮霍青春卻害怕變老，到了三十歲才發現，不斷追逐潮流的我，好像什麼都沒有，失去了自己，也感受不到快樂的滋味。

櫥窗旅行，讓我開始明白不買也是一種選擇

在馬來西亞旅行的路上我認識了一位法國男生，我問他：「這趟出門，你買了什麼東西嗎？」他說我只做「Window Shopping」！同時指著眼睛，望向路旁的商品櫥窗說：「**用眼睛去看世界，是旅程最美好的禮物。**」

剛開始不太明白，出遠門不買紀念品不是很奇怪嗎？畢竟錯失這間店，可能下個村就沒了貨，不想後悔就要立馬掏出信用卡結帳。只是購物之後，每一次移動就像在

搬家，爾後的背包旅行則讓我苦不堪言，戰利品的每一分重量都壓在肩膀，成為壓垮駱駝的最後一根稻草，我除了丟棄，別無他法。

後來發現「不買」並不會讓旅程有折扣，節省下來的旅費卻能多住上異鄉好幾晚。我喜歡逛旅途二手店買需要的物品，不在意商品是否全新，同時我也思考什麼是將來要的，還有不要的。

逐步丟掉不要的，你才會擁有全新的自己

旅途中一直都在訓練斷捨離，我告訴自己買一件新衣服，就要丟一件衣服，擁有全新的美好前，去學著割捨舊愛。逐漸我丟的不只是衣服，還有過去各種束縛的包袱。每一次回來，我都在丟棄身上各種不喜歡的標籤，還有別人看我的眼光。

感情上，過去我會一直問自己到底哪裡做不好，對方才會離開我；工作上，過去我會把職位跟成就看很重，不想放棄累積的年資跟經歷；生活上，在意身邊人對我的

眼光與評價，不敢去做大膽或逾矩的冒險，結果陷在泥沼中爬不出來，當然一切根本沒有對錯，是我把人生複雜化。

背包旅程教曉我，放太多包袱在身上才是無法邁開腳步的關鍵，當丟掉不屬於自己的感情、物品，還有自卑感時，才能真正感到自在，即使沒有時尚的衣服、漂亮的職稱、轟轟烈烈的愛情，人生也是能過得很精采。

沒交集的人事物，以後也不會有交集，丟掉，還可以撿回，但一直不丟就沒有空間容納新的美好。

逐步丟掉你不想要的，撿回簡單輕鬆的人生

逐漸習慣在旅途後清出一大箱過季的衣服，連同不再閱讀的小說、漫畫書都送進回收區，甚至會把千里迢迢從國外帶回來的戰利品送人，房間變得乾淨，日子也活得越發輕鬆。

我想到了某一個年紀，最需要丟掉的是自己的脾氣，最不能捨棄只剩自己的任性。朋友，留下幾個陪你聊天吃飯的；職場，下班了就不再糾結工作的繁瑣；感情，就學著單身好好過日子，逐步清理當下不要的人際關係，只留舒服的人在身邊。

曾經在職場執著的，厭恨的，不爽的，都過去了，曾經你視為一輩子成就跟榮耀的，也只是曾經，有些到最終你都帶不走，即使帶走也沒有任何用處。就像桌上型電腦，總會有老到跑不動，無法更新的一天！

過去的不再重要，你要選擇哪些才是重要

有人問我為何喜歡旅行？我說，旅行就是認真地活在當下、吃遍美食、看遍風景，體驗不同的旅程，即使荷包扁扁，卻能感受擁有全世界。倘若日子裡有一塊肥皂、幾件衣服、一支手機，幾本書也是可以過活。

遇見喜歡的人就擁抱，碰到討厭的事就跳過，不糾結在過去，歡愉沉醉在美景中，能看見自己想要的，就努力去歷經嚮往的。生命活著的意義，就是不斷的經歷，把眼淚哭到肝腸寸斷，把日子過得瘋癲精采，把工作黑鍋揹得又黑又亮，把感情想得若即若離，最終都會過去，然後繼續。

過去我覺得放下很難，但當眼界逐步打開，歷經人生風雨，就會清楚再輝煌的曾經也都會過去，再不堪的回憶也會消散，太執著只會傷害自己，放開手才能擁有天空。

W. H. SKINNER. ESQ.
Chairman Summit Roads
Reserves Board.
HURST SEAGER & MACLEOD
Hon Architects
CHAS. CALVERT. Builder
NOV! 1916.

紐西蘭 基督城

7 當一個溫暖的人，就不會害怕變弱

自私的人永遠都活在膽戰心驚中，無私的人才能持續發光發熱。

日子絕大部分就是一串狗屁倒灶的鳥事連起來，不清楚自己能做什麼，也不知道將來會變成什麼樣。裸辭五年多，我旅行世界七大洲，出了幾本書，當起旅遊類網紅，看似人生勝利組，踏著別人夢寐以求的理想生活，事實上，我偶爾還是會感到內心焦躁不安，甚至會想放棄一切。

我並沒有所有人想像中堅定

在參加某場自媒體論壇時，記憶最深刻的是：「網紅的平均壽命約九．二個月。」代表嚮往成為網紅的人如潮水般洶湧，但沒紅起來的人卻如泡沫般消散。彷彿在告訴我：「長江後浪推前浪，明日我可能就死在沙灘上，自媒體這行飯碗看似光鮮亮麗，要破的時候你也擋不住命運。」

沒多久，疫情成就了旅遊業最重的災情，以旅行創作為主要經營項目的我，網站流量迎來史上最低的觸及率，我也曾懷疑是否要回歸職場度過難關，不然去做外送員也是一個選擇。

遇見一個好的人，你會想把自己變好

於是我就去花蓮散心，順便去找在花蓮開民宿的冠羽哥，想著他們應該也是疫情下的受災戶，沒想到他花了半天的時間都在說自己正在做的理想，我彷彿可以在他的背後看見一道光芒，告訴你：「**與其擔心眼前，為什麼不找嚮往的路走去呢？**」

他說經營民宿數十年，風風雨雨也看得多，他想的是讓這塊土地好，不是只有民宿好，如果整塊土地的人都能快樂安康，那怎麼會擔心眼下的憂愁。做自己喜歡的事，不見得會快樂，卻能甘願的接受任何苦難。

法國 巴黎

什麼都沒有的時候，就去做你擅長的就好

我想到曾經站在講台鼓勵台下的人說：「如果原地找不到靈魂，便是你啟程去找回自己的時候。」聽眾真誠回應說：「謝謝你帶給我勇氣。」當下的心情是無比快樂與驕傲，原來生來平凡無什麼志向的我，也能帶給別人幸福跟鼓舞，幫助迷失在未來十字路口的人們，喚回對人生多一點信心。

在疫情趨緩時，我決定去四處演講，沒想到一連辦了三十多場，接著把關於屆齡四十歲的生活創作成一本書，書裡充滿溫暖，期待可以陪伴那些對生命失望的靈魂，告訴他們生活本就是很難，但你並不孤單，即使一路載浮載沉，都是在同一艘船上過活。

溫暖的人，不會害怕別人來取暖

過去我很怕江郎才盡，害怕眼前的付出沒有收穫，害怕任性選擇的路會後悔，但在

有理想的人身上看見光芒，讓我知道即使最後失敗、一無所獲、徒勞無功，都可以回到原本的自己，人原本就是一無所有，就算走不下去，頂多就是打掉重練而已。

自私的人永遠都活在膽戰心驚中，無私的人才能持續發光發熱，如果可以，我期待能成為眾人眼中溫暖的人，不害怕後浪會搶走眼前的一切，並成為許多人迷惘期間的燈塔，告訴他們：「**只要起身，遠方會有人拉住你的手，讓你有勇氣去面對一切困境。**」

8

夢想不要成為誰，一定要樂在其中

不要把平庸成為夢想，這一點很糟糕。

我最喜歡的旅遊作家是三毛，看她書中寫的文字都猶如身歷其境，彷彿我是她住在撒哈拉沙漠上的小鎮鄰居，看著她跟丈夫兩人的互動，既生動又有趣。她的文字驅使我對於旅程有了興趣，對於文字感到親切，也嚮往著能否過上像她般瀟灑又不羈的人生。

當然，我不是三毛，無法走過她的來時路，卻讓我有成為一名作家的動力，想把旅程如實又生動的描述在眾人眼前，寫下屬於自己的冒險篇章，我告訴自己：「在這之前我必須踏出步伐去旅行。」

沒有人一開始就可以變成自己喜歡的人

成為自由作家之前，我是個朝九晚五的上班族，畢業後大多做的是缺乏熱情又繁雜的工作，第一份工作遇到要告我的壞老闆，第二份工作被同事捅一刀，第三份工作讓我徹底喪失鬥志，相信努力不見得有回報，但不努力就會被淘汰，只顧著眼前的飯碗，哪能想到未來的美好？

當時正映證了有句話：「最終我們成為連自己都不喜歡的大人。」心想別再提「夢想」兩個字，夢想是害慘未來的原兇，早知道大學畢業就去考公務員，或是找個長期飯票依靠。千萬別天真的以為一個人可以改變世界，要認清沒背景沒靠山就是螻蟻，現實社會就是任人踐踏。

沒有人可以離家出走之後，回來不用面對現實的問題

如今網路時代發達，透過手機跟各式軟體的幫忙，我可以上網買機票、訂行程、訂

芬蘭 土庫

飯店、靠網路地圖規劃路線，不需依賴傳統旅行社，靠一支手機就可以走天下，出國不再像過去困難與資訊不透明。

旅途中也會遇到很多貴人，教你怎麼省錢、找便宜的旅社，一問之下年紀輕輕的他們一旅行就是數年，問他們為什麼要這樣選擇，他們只會聳聳肩回：「Why Not?」我當下是很羨慕，後來才發現每個人都有不同的困惑，不見得真的樂在眼前，有些人一直在旅行也只是不想面對回家的現實，最終能解開各自疑問的人也只有自己。

返家讓我內心最難受的是「家人的期待」與「無法做自己喜歡的工作」，又會回到枯燥無味的工作中，被不同人輪流追問：「幾時要嫁人。」

沒有人能輕易放下自己內心的成見，去原諒過往的芥蒂

一直以來我無法被家人理解，父母總期待子女擁有穩定工作，交往對象背景單純，我與他們嚮往的人生路途大相逕庭，倘若不想讓父母失望，就只能對自己無望。

過三十歲後，我努力放下家人對我的期待，也不再把生活寄託在工作中。離職之後我去旅行，保持與家人的聯繫，同時也告訴他們「我餓不死」的原因，不再害怕告訴他們我的脆弱，同時也堅持往自己喜歡的路走。

沒有人可以在心中產生疑慮之後，馬上去尋回自己的人生掌控權

很慶幸三十歲前覺醒，認知不想繼續相同的活著，即使對未來茫然，也想跨出那步去幫自己圓夢。表面上是買一張機票，實地裡卻是買對夢想的渴望，最終旅途結束後，找回遺失已久的笑容、對生活的熱誠，以及對未知旅途的嚮往。

更慶幸三十多歲決定職場斷捨離，認知做不愛的工作，未來就不會有任何憧憬，把人生砍掉重來去當一個旅遊人，靠文字如實記錄下足跡的點滴，未來的日子做不成三毛沒關係，但可以做自己。

當你走在嚮往的路上，就如同《牧羊少年奇幻之旅》裡的一句話：「**當你真心渴望**

某件事時，全宇宙的人都會來幫你。」

沒有什麼終極夢想，去做你喜歡的事，就是快樂

某次約四十歲的網友私訊我，說每次在職場做的都是低階工作，常需要被人使喚讓自己感到挫折，心想：「為什麼別人可以做到退休，自己卻不能？」我說：「心態很重要，或許他不把『喜歡』建立在工作上，你不需要跟職場混水摸魚的人計較誰能做到退休，畢竟做沒興趣的工作，的確像是在浪費生命。」

對於喜歡的興趣不要抱太大的期待，也非超越某個人才算有成就，不要期待你的夢想能得到全世界的認同，請一定要慢慢修正自己的腳步。很多事情沒有絕對，但有的是決心，放手一搏去做，會慢慢找到同類，也會找到信心，會有更多的路讓你義無反顧的走下去。

9

當一個偏執不固執的大人

若偏見是未來生活之必要，我也只能偏執地活下去。

當對感情跟職場太過執著與糾結時，日子自然會入死坑爛泥中，無論如何努力都感到極度煩悶。我在歲月悠轉的獨行裡，逐漸體悟「與其做別人眼中的優等生，不如做眼皮下的自由咖。」或許快樂是比較出來的，沒有人生的低潮翻滾，怎麼能有如今灑脫自在。

有人問：「該怎麼活得跟你一樣正向？」

我想說：「做自己，就很正向。」

「做自己」說得很容易，做起來最難的是「不在意」

從原有職場裸辭後，我立馬把手機通訊錄裡的同事和客戶名單都刪個精光，把累積多年的名片盒丟到垃圾桶。相知多年老友知道後認為我何必如此？何不多留一步讓自己有退路？

不過我心領旁人的擔憂，說自己出社會多少年，就戴了虛偽的面具多少年，受夠了麻痺靈魂去屈就一份薪水，即使因此練就一身圓滑本事，那同時也是自身抑鬱的來源，把自己變成一個沒有靈魂的工具，即使得到全世界的掌聲，我還是只是一個工具。

做自己的第一步，不是明白自己想要什麼，而是不要什麼。唯有真真切切的拋棄，刪掉一群不對盤的朋友、朝夕相處卻無任何交流的同事、遠離八卦碎嘴的親友，讓親人放棄對子女的掌控，胸口悶在旁邊的氣才能通。

做自己的第二步，是逐步把對於別人的期待放下，重新開始調整自己的方向，找尋喜歡的事物去嘗試體驗，熱情的解決眼前的困惑與難題，並逐步往更精進的路途前進，成就心中嚮往的自己。

四十歲後當個偏執的大人，在乎你想要的生活

曾經我覺得年過四十歲的人都活得很古板，如今增長到這年齡，發現的確是如此，彷彿交會在偏激與偏見的黃金交叉點，知道自己喜歡什麼、討厭什麼，也不願改變什麼，彷彿看見了當年的母親，那個我最不想成為的人。

以前覺得母親為什麼年紀大都沒朋友，現在也覺得自己朋友不太多。
以前覺得母親為什麼不愛買衣服買包，現在也覺得自己不愛瞎買東西。
以前覺得母親為什麼都節省過了頭，現在也覺得自己莫名不亂花錢。

也問，到底是成為了自己不想成為的大人，還是此款任性又偏執的大人最終才是人生的依歸呢？於是跟朋友聊起心境時說：「四十歲後，感覺無論是哪種人際關係，我彷彿都充滿了無可避免的偏見。」不想有過多的友情拉扯、親情勒索、感情膠著，對於某些人，無法喜歡，就是沒辦法喜歡。

朋友笑說「你這是有主見！不是偏見」畢竟歷經歲月磨練，我已經活出有稜有角的歪個性，圓融是生存的本事，不是必備的條件，學著對人際關係叛逆，對於眼前人事物都充滿了反思跟質疑，若偏見是未來生活之必要，也只能偏執活下去了。

「做自己」不是很自私，而是懂得幸福的價值不在於錢的多寡，別為了不相干的人鋪路，然後斷了自己的後路，創造嚮往的花路，千山萬水都有容身之處。

伊朗 亞茲德

10 你，其實不需要給我建議

年歲告訴我，只有自己能拯救自己，還有放棄自己，別人的建議，參考著聽。

進入四十，等於進入不惑之年，難道未來就沒有疑惑嗎？實際上我不清楚現在做的決定將來會不會後悔，也不明白老了有沒有足夠退休金，更不知道有沒有能力陪伴家人度過晚年病痛或失智的歲月。

中年要面對的困境很多，跟過去不太一樣的是，已經不太會去詢問身邊朋友的建議，反而三不五時需要能打發消遣的酒肉朋友，約出來吃個燒肉，或著去郊區爬爬山健行。所謂的人生疑惑不會透過分享馬上找到解答，大部分人都是出「事不關己」的餿主意，真正了解並解決問題的人也只有自己。

人人都有病，身邊都是神經病

還記得年輕時，老愛把問題分享給周遭的智囊團，例如：「男友三天不回訊息給我，是不是不愛我了？」或著「公司要我轉調其他單位部門，我該接受還是不接受？」不管是感情還是職場困境，期待從別人的觀點中解救自己，找到靈感跟方向。

朋友問：「你覺得我離婚，好嗎？」
A回答：「當初就叫你不要嫁這個爛人。」
B回答：「你不要告訴我，你錢都被他花光了，我不是有說過。」

沒錯，越是親近認識的朋友，往往給的建議都帶著複雜情緒跟憤怒，他們說得都對，不過聽到的當下感覺真的爛透了！彷彿就是在說「早跟你說，你還不聽」。

過去我要離職時，身邊人也都勸我不要衝動，後來想想也沒錯，他們也沒衝動過，怎麼能叫你衝動離職。隨著年紀，我發現人人都有病，卻說不出什麼病，彼此都各自有踏不出的困境，某個瞬間都在向下沉淪，都急著在載浮載沉的大海中抓住某一根浮木。

最終，我們常常相約某一間廟裡求神問卜，期待上天能給出一盞明燈。先默念自己出生年月日，把心中的問題在腦海默念三遍說：「娘娘，請賜我一個聖杯，一盞明燈。」好運時，我會得到一張籤詩，若是好籤，我會開心上一陣子，若是壞籤，我會憂鬱上一陣子，但不管好壞，我的人生也沒有什麼太大變化。

如今想來也荒唐，自己的人生方向竟要神明幫我做決定，抽屜下疊滿各種籤詩，卻沒有一個能真正指引我走出迷惘跟困境。

謝謝長輩的建議，但我不接受

如今，到了四十，我覺得最大的差別就是「不再需要各種建議！無論感情還是職場。」尤其是面對長輩數十年如一日的說教，想直接擺出「已經聽過數百次」的無

阿根廷 烏蘇懷亞

奈表情，並脫口而出「我已經不是三歲小孩，再壞再爛我也活在世上這麼多年，可以省下你的口水，別浪費唇舌在我身上好嗎？」

不想演戲，不想裝好孩子，不想唯唯諾諾的在旁邊應答說是，如果對方都不接受你已經成為大人，心想為什麼要尊重對方是一位值得信賴的長輩。

期待被理解，被擁抱，不要彼此討厭

終於認清自己沒有年長者的豁達，也明白某些生命的裂痕難以修補，也不需要太多心靈雞湯餵飽空虛的靈魂，更不需要一堆冷眼旁觀的毒雞湯平復情緒。

遇到低潮時，倘若能被理解，是會開心的，但如果不被理解，我也不會在乎，畢竟日子就算在地獄，也不需要誰的同情；就算生活在天堂，也不需要誰羨慕。不過若有人能有同樣的感覺，那麼我們可以互相擁抱，同溫在一起。

年歲告訴我，只有自己能拯救自己，或是放棄自己，別人的建議，參考著聽。

PART 2

距離產生美感的友情，再近，都要保持社交距離

1

你沒得罪誰?人言就是沒道理的江湖

取消追蹤遠離網渣，保身心平安，比點光明燈還有用。

人與惡的距離，酸言別在意，也不能在意

習慣在早上起床清醒後的第一件事，是從棉被旁拿手機，點開新聞頭條，看天下發生了什麼大事，往往大事沒幾件，八卦卻老是鬧得沸沸揚揚。新世代的資訊總依賴網路與各種社交平台，訊息不再從媒體和電視得知，真假也無從考證，正義魔人充斥在鍵盤後，留言如刀刃屠宰著人心。

異國戀得罪了誰？

某新聞爆出某機師跟某公司女性密切來往，原本應該探討如何防止疫情擴散，結果各種平台留言充斥的「廣洋傳」、「西餐女」、「ㄈㄈ尺」等，我的眼睛路過，心

阿根廷 布宜諾斯艾利斯

裡卻極為不舒服，心想：「到底是這女生得罪了你，或你把別人的痛苦當有趣？」

性騷擾原本就不是話題！

某天知名女星於網路發表在某尾牙主持活動時受到騷擾，卻因為過往形象被人抨擊，引來一群吃瓜民眾，網路留言大半都是不負責言論，好似公眾人物或是AV女優就本該被騷擾，不該大驚小怪。心想：「說別人雙標準的人，往往自己在網路上也雙標！」

曾經我群起憤慨想譴責網路酸民們，成為各論壇的筆戰女王，常常腦門都是焦躁跟仇恨，身心焦躁無法停止，爾後認真思考網路生態與其流量來源，發現自己莫名成為被操控的棋子，媒體賺到聲量，我卻鬱結不止，怎麼想都是賠本的生意。清醒後，我選擇按下隱藏，不去回應，才發現多數網路發言，別在意，也不能在意。

活在社群言論漩渦裡，日子就像救護車鳴笛般不休

新聞日日有頭條，卻不是每條都與我有關，就像菜市場天天有特價，也不是每個特價都能吸引人；人人皆可暢所欲言，不見得句句需要評價跟認同，後來學會面對不舒服的言論時，多一個緩衝的時間與空間，心中唸：

首先，那是他的發言，你可以不喜歡，不需要對號入座。

再來，那是他的人設，你們是朋友，但不需要過度關心。

倘若你持續被他的發言所干擾，越發不舒服，請取消追蹤，保持點頭之交。

最後，沒這個朋友你會比較好過，封鎖刪了也只是剛好而已。

取消追蹤，讓關係從線上回到線下的關心

朋友A偶爾跟我抱怨，他實在搞不懂某人在臉書發文內容到底想表達什麼？讓他備感痛苦又不知道該怎麼回應，我直接說：「取消追蹤。」

社群改變人與人間的關係，以前非要見到面或是電話聯繫，才知道對方最近過得如何，如今手機彈跳一個通知，就連他家小狗撒尿都傳遍鄰里。太多瑣碎的生活動態會讓人感到疲乏，倘若身邊人的狀態一直處於負面，當你回應之後，就容易被對方情緒勒索，一直在勒索的狀態下，莫名也會被拉進情緒的黑洞裡。

經營自媒體時，偶爾會被無聊粉絲狂倒各種情緒，分享觀點時，偶爾會因為立場不同被人無情吐槽，久之，我也不太想發表論點或回應粉絲，持續下去變成了網路潛水員。

事實上，生活本來就不是非黑即白，為何要迎合他人躲藏自己呢？現在，我會回：「拜託！取消追蹤關注，保身心平安，比點光明燈還有用。」

選擇取消、不回應、不認同，不代表不可以當朋友，而是減少尷尬，減少社交負擔，倘若彼此當不成線上的朋友，還能當實際的朋友。人之間保持相對的距離，才是最好的相處方式。有些人看得太清楚，只會讓人傷心，有些人靠得太近，只讓人想吐血生氣，你是你，不再依賴從別人眼中看自己，才能還給自己原本的清靜。

2 關掉通知，關掉提醒，關掉綁住情緒的壓力

別讓通知綁住大腦，讓你無法思考、呼吸、前進！

曾掩埋在各種通知中，連呼吸都急促

過去數十年我曾擔任專案管理的職位，養成系統通知強迫症，只要電子信箱出現新信件通知，或通訊軟體跳出未讀訊息，大腦彷彿受到電擊，雙手反射動作開啟軟體，雙眼確認信件無關緊要，未讀狀態變成已讀，情緒才能舒緩放鬆。

工作所訓練的強迫症，慢慢如中毒般滲透到日常，銀行訊息通知、購物平台特價通知、社群平台通知、熱門新聞通知、各種生日通知、群組閒聊通知，一整天下來我像被通知壓垮的現代人，光是要消除這些通知，就耗費去大半的精神跟力氣。

打開通知、確認、已讀、結束。以上這四個動作，如迴旋般把我吞噬，大腦無法思考，整天忙於確認、處理、解決問題，但問題永遠沒完沒了堆疊，直到我把工作辭掉，獨自在異國旅行生活，各種通知對我來說沒有任何意義，我所要面對的只是今天要去哪裡？中午吃什麼？晚上住哪裡？

歸來後，我把手機裡各種無關的通知關掉，告訴自己，千萬不要「馬上」回應，生活不是工作，就算今天沒處理又怎樣，工作的通知只要在上班期限內完成，去思考生活，不是解決生活，去運用科技，不是被科技束縛。

活躍於各種群組、社團、論壇，有一天也可能跌落神壇

過去除了被「通知」綁架外，讓我最厭煩的就是LINE群組，一間公司有無數個群組，有主管加入的群組跟沒有主管的閒聊群組。私生活也有各種群組，剛開群組時大家聊得起勁，後來就變成欲振乏力，到底要關群組呢？還是繼續無關緊要放在一旁？

同學群組裡在聊尿布跟育兒時，我一句話都插不上去。同事群組裡在聊股票基金時，事後還要查很多資訊才能加入話題。生活群組裡在被插入政治文時，翻了無限次白眼卻無能為力。

群組，原本是為了拉近彼此的距離，不知不覺隨著時間也慢慢變質，有些變成親子尬聊會，或是政治批鬥會，每次看到手機跳出通知，點進去都是一堆無腦的發言跟論述，深感浪費生命。到底參加一堆群組是為了什麼？生活也並沒有因為這些人變得多采多姿，反而覺得整天討論一堆八卦為何？

曾經我也是某網路社團的發起人，號召喜歡打工度假的人加入並給予幫助，但到後面，某些團員會私底下來跟我說社團裡某某人的不是、誰有問題，或者利用社團販賣資訊跟散佈惡意，才發現當人群聚集起來，最不缺的就是大量的八卦跟惡意，而沒有誰適合當仲裁者。

別把時間浪費在無聊的群組八卦中

是時候離開無用的八卦群組，去專注眼前的風景，以及生命中的自己，才發現過去太多時間耗費在別人身上，談論著太多風花雪月卻沒有意義的事情，就像圍繞的一團霧，霧散了，什麼也沒了。

現在，手機群組就剩下幾個，不乏還是會有日日傳著蓮花長輩圖的親友，本來想回：「再傳這些沒意義的蓮花早安圖！我就退群喔！」之後換位思考，至少那沒有惡意，這也是很多人刷存在感的方式。

高速網路的確拉近彼此距離，卻無法去控制每個人發言的權利，是時候，關掉評論，或著選擇自己想要的同溫層。有些人適合坐在咖啡廳面對面聊天，不要只關心今天誰按了你的「讚」，不是只有在網路上彼此按讚才叫關心。

真正的存在感，是你先確立自己的生活儀式感，不是依附在誰的眼光中。

南極

3 小心身邊「為你好」的朋友

有些婊子天生擅長羨慕忌妒恨，嘴巴上都說著關心你，實際上，卻不想看到你好過，因為你好過，就代表他難過。

你曾會為了朋友的幾句話，煩心到睡不著嗎？

村上春樹曾說過：「儀式是一件很重要的事。它讓我們對在意的事情心懷敬畏，讓我們對生活更加銘記和珍惜。」

處女座朋友A是一位特愛乾淨與整齊的妻子，即使三天兩夜全家出遊累得不成人形，返家後第一件事，不是立即在沙發躺著休息，而是拿起拖把將地板清掃一遍，再將行李內裝物歸原位。A說：「清潔就是她每日最重要的生活儀式感。」

何謂儀式感？我認為，能紓壓與調整心態的行為就可以稱做儀式感，不僅是習慣，更是讓自己獲得心境平復的方法，習慣外出運動、登山、打電動都可以歸類。A長年都把清掃當作生活中很重要的一環，享受被周遭人稱讚能幹、賢慧，身為朋友的B卻勸說她不要再如此操勞，何必把自己累成這樣，生活不需如此「潔癖」！讓A產生情緒混亂。

她問我，是不是朋友的勸說是對的，自己的堅持其實是因為潔癖，在與B幾句閒聊後，她情緒陷入膠著，有著天人交戰的苦悶。

勸說的好朋友，或許只是情緒轉嫁而已

身為旁觀者的我，一聽就覺得這位勸說的朋友有問題，提醒她要注意B的用字遣詞，她愣住了，為什麼「為我好」的朋友會有問題？

我簡單分析，B知道你有習慣打掃的儀式感，並引此為傲，或許你嘴上會有些抱怨，但實際上並沒有把負面情緒丟給她，但對方卻抓住這個抱怨，用「潔癖」對你做情

緒勒索，我說：「她是不是也沒有聽你解釋，就斷定你有潔癖呢？」A猛然的點頭。

我馬上補充：「從小到大身邊人都覺得你擅於收納、乾淨俐落，如果九十九人都說你潔癖，或許可能要去看醫生，但每個人都誇你，只有這個人突然質疑，那你可能收受到負面情緒的勒索。你應該跟這種人保持距離，不要讓她的情緒影響到你，這種人表面說『為你好』，其實只是想轉嫁情緒給你。」

不要以為熟識的人都會善待你，他們有時候比陌生人可怕

人在成長的過程中，總會有這種莫名其妙雞婆型的損友，他們就像左鄰右舍愛嚼舌根的人們，總是關心著不干自家事的雞毛蒜皮。拿著某家兒子出軌、某家女兒進警局、某家欠債百萬等八卦，用各種的觀念加諸在他人身上，只堅信自己是對的，還會用很多言論去驗證你是錯的，甚至逼你改變原本的行為。

小時候我腦波弱，老把鄰居七嘴八舌的話放心上，以致變得畏縮膽小，長大後才明

尼泊爾 加德滿都

白「沒有長成辨別是非的腦子前，千萬別把所有話當真。」也發現他們在講別家閒話的過程中，自個家也是千瘡百孔。面對這種會造成負面情緒的來源，請敬鬼神而遠之，表面上裝好心，實質是控制，最後會用言語干擾，造成你自信心不足。

婊子，古時多用在對妓女的稱呼，如今則是稱呼有心機又愛裝無辜的人，利用別人心底軟弱的那塊，造成對方生活混亂並感到迷惘，還要你感激他，我說：「這種人並沒有想為你好，是你越不好，他越會在背後笑得更開心。」

跳出框架後，重新去審視人與人之間，不見得他人挖了一個坑，你非得義無反顧的跳進去，要為自己留點位置，遠離這種負面情緒的小人，並學會反擊。

4 絕交，成長必經的勇士道

朋友不是老的好，留下不走的才重要，
某些生腫瘤的友情，必須即時放下，接續的日子才好過。

人都是有底線，就怕有人越了界，還裝沒事又無辜

人都有不同的底線，不過總有白目朋友自認「友誼萬歲，不管怎麼你都會原諒我，因為我們是好朋友阿！」事實上，面對這種輕易跨過彼此底線的雷友，我都奉勸放生，才能得到完整救贖，誰跟你好朋友啊？

朋友A某次約閨蜜出國旅遊，因貪圖簡便就先幫對方刷卡付錢，本想到結束旅程後再攤平旅費，沒想到旅途結束，對方一再以各種理由推拖不想付錢，A忍了很久後最後對閨蜜下通牒，對方卻說不急，然後逕自飛往異鄉。

這閨蜜行徑把A逼到徹夜難眠，氣到白髮都多了好幾根。她說欠錢事小，最討厭的

是不誠實，都約定幾號要給錢，最後還放她鴿子，拿友情當擋箭牌，心想難道好朋友就可以無限上綱嗎？最終狠心昭告天下，在眾朋友的壓力下才拿到這筆為時已久的欠款。

A原本以為拿到錢後討債風波就此落幕，不過接續幾個月她都無法面對曾經一同冒險有過美好旅程記憶的朋友，一想到她，就想到那些追債到委屈的日子，最後決定把這名朋友從人生清單中除去，同時把回憶一併丟到垃圾桶中。

越是珍惜的朋友，越是傷害你更深

A表示自己曾經很珍惜這位閨蜜，陪她走過失戀的低潮期，喝了無數次酒，在河堤旁幫罵前男友到一文不值，但這些都無法讓她原諒她的不誠實。這好像在路邊撿到一隻哭得唏哩嘩啦的小狗，你把牠帶回家、洗乾淨，陪牠玩耍、餵牠吃飯，狗突然有天反咬你一口。或許，年紀越大，底線就越清晰，即使再好的朋友、家人，也不能越過。

亞美尼亞 霍爾維拉普

從金錢觀認清人後，輾轉從其他人那聽見她又復合當初分手時哭得死去活來的前男友，心想「絕交」，也只是剛好而已。她默默地把這個人還有因她認識來的朋友，刪除到一個也不剩，當初付出的真心，就當是一場人生警惕，相信過了這座山，放下這個人，才能讓自己海闊天空。

認清了雙面人，請學著放下委屈跟介意

人際關係是一門很深奧的課，你永遠不知道接下來遇見的人會在人生中佔據什麼樣的地位，或許你們會成為彼此的貴人，也可能成為彼此的仇人，人在相處的過程中去釐清自身個性的優缺點。

有人說：「人會在成長中，越變越無情。」我倒覺得不是，反而越老越認清感情是限量單品，不是廉價地攤貨。可以當好人，但不是濫好人，人可以溫暖，但無法被人無限制取暖，懂得拒絕跟捨棄，不必把憤怒留在心底。

你的底線，要很清楚，不要讓人越過，讓自己委屈，讓對方踐踏

人的善良是寶藏，需要一座隱形的城牆，才能讓信任的人來去自如，一旦某人越過紅線，城牆就要啟動保衛機制，學會把不適任的人驅逐出境，別讓雙面人搬光城堡裡的金銀珠寶後，才發現自己變得一無所有。

大多數的委屈跟憤怒，都是因為被掏空一切才認清自己交友不慎，絕交，是成長必經的勇士道，別再伸手去抓破裂後的美好，那是不存在的友誼。

別為即將成為陌生人的他，感到痛苦萬分

要走的人留不住，要留的人怎麼逼不走，大人的友誼關係順其自然最好，最好不要扯到錢、扯到家人、扯到工作。感情間留點縫隙，有幾個人會特別緊密，因為你知道他懂你。別再因為某些人讓你悶悶不樂，換個角度想，人的一生這麼長，遇見他也只是1％的相遇，別勉強友情要長久，長久只是某種一廂情願而已。

5

友誼的不舒服，來自太委屈

「friends」其中也有一個「end」，結束一段友誼，另外一段才會展開。

失去朋友最好的方法：對他歇斯底里

人到某一個年紀，社交圈就會越來越小，透過旅行我開始認識形形色色的人，發現彼此沒有一同成長的包袱，也沒有職場升遷的角力，正因人生歷練不同，多了萍水相逢的愜意，除了分享外，更多的是人生體驗交換。

不過旅途中認識來的朋友，往往充滿不確定性，曾遇過表面很熱情，旅行相處後才發現是八卦王；或者出門都光鮮亮麗，回飯店卻邋遢到馬上把房間弄成廢墟，也有平常出門都炫耀奢華旅程、在旅途中卻對錢斤斤計較的人。但最讓我怕的還是炸彈人——平常什麼都好，情緒一爆發就把周圍人炸到屍骨遍野。

智利 復活節島

曾經我還為此難過大哭，心想到底自己做錯什麼，默默活在自我懷疑的循環中，委屈到像中邪，一直做惡夢驚醒，對方卻彷彿用橡皮擦抹去記憶，只有我陷入友情創傷症候群。多年後我才明白，越是熟悉你的人，越知道你哪裡痛，他踩著你的痛點，你卻無法還手，痛是因為信任崩解後對人性的失望。

信任像一張紙，揉過後就很難撫平

年紀越大，越沒有朋友，這是真的。因為信任是隨著時間累積，也可能如一張紙，揉過後就很難撫平。過了某個年紀，明白「委屈討好」來的朋友，不會重視你的付出，還會搞到讓自我身心俱疲，倘若因此學會獨自好好生活，就能在未來選擇舒適的人留下，不適合的人選擇絕交，才能讓自己好過。

不執著，是中年後對於大齡友情經營的原則，畢竟數十年同窗朋友的感情都可以淡，路上遇到的夥伴，再好，旅途最終還是要分離。失去一個朋友不可惜，失去自己才可怕，或許所謂的絕交，不代表雙方誰有錯，只是兩人在某一個節點，在彼此心裡種下腫瘤，當你有勇氣面對腫瘤，割下它時，才能在關係中獲得重生。

世上沒有最堅韌的友誼，要劃清楚關係的底線在哪裡

成長之路我也碰到幾位曾經走進心裡，卻劃破幾刀才走的陌生人，一開始會痛徹心扉，也會懷疑自己是否哪裡做錯？時間教會我，絕交誰，不必對誰說抱歉，那是「斷尾求生」的概念，能對一段關係狠心，才能找回下段正常關係繼續，不是你的心不值得珍惜，而是他不懂得珍惜。

人生就像搭上沒有終點的巴士，沒人同你走完全程，有些人並排而坐，有些人擦肩而過，很難說會遇見什麼樣的人，你可以用不同方式去吸引人同行，決定跟掌握誰陪你走久一點，遇見的人再好再壞，巴士都順著軌道往前行駛。隨著歲月，上車的人越來越少，能陪你走完全程的還是只有自己，而某些人會成為美好的回憶。

6

自私，是一種美德，成長淬鍊後的禮物

人情冷暖如花謝花開，不如把人的離去，想成正常的季節。

出生的時候，是一個人，離開人世的時候，應該也是一個人，當獨自旅行越走越遠時，不免想到，在未來是不是也會像這樣獨自生活呢？而人與人之間到底怎麼樣才叫做最好距離呢？

一直，我都在扮演別人需要的角色

慢熱的我，自小就屬於沒有自信那群，目光總停留在班上成績好、體育優秀的同學，為了融入團體、為了讓別人看見，於是盲目的追隨當下流行喜好，看灑狗血八點檔、聽流行音樂，追武俠小說、看韓劇港劇，就為了聊天時能插上一兩句話。當我把興趣建立在討好別人上，就注定失去自信。

美國 猶他州 布萊斯峽谷

不過誰成長路上不是這樣？懵懵懂懂、跌跌撞撞，不知道自己喜歡什麼，也嘗試去喜歡未知的，利用各種小聰明想加快長大的速度，創造自我被需要的條件，卻忘記把時間留在思考人生。

職場被捅過數刀後，同事很難變成真正的朋友

進入社會後，形形色色的人映入眼簾，才發現學生時代的人際關係是如此單純，所謂的職場友情，付出不見得有回報，認真努力不見得就會有成果，當被同事捅過一刀後，就知道所謂的革命情誼都是虛假。

我曾因為同事幫主管揹黑鍋，義氣的提出離職單，最後變成唯一犧牲的那位；也曾經被同事挽留，硬是待在萬年薪資不漲的公司，只因為眾人說：「沒有你，這公司就待不下去。」也曾被職場小人栽贓莫須有罪名，搞到身心俱疲。曾經我以為職場有夥伴友情，後來明白職場是體驗人情冷暖的所在，同事不會是朋友，當有利益衝突時，就沒有所謂單純的友誼。

隨著時間，朋友會一輪換過一輪，感情也是

成長到一定的階段，朋友從互相砥礪到互相比拚；職場的抬頭、公司的年薪、買房到婚姻。過去有些朋友無話不說，有些人則變成狗嘴吐不出象牙，說出來的話就像一根針，扎得心又癢又痛，又無能為力。

年紀大該找人嫁，是實話；工作不好就換，是實話；身體要注重健康，是實話，只是老朋友之間的實話，往往比新朋友的見面寒暄傷人許多。但可悲的是身邊好像也只剩下這群人，彼此成長的經歷都差不多，當他也無法脫離框架，又怎能期待能給你好的建議？

在一定年紀後開始有人際焦慮，無法從過往人際取暖，渴望拓展新的生活圈，期待新的生活圈有人懂自己，卻往往搞不定人與人之間錯綜複雜的心思，才發現狹隘的人際渴望正是憂鬱的來源。

別為了同一群觀眾，把自己停留在某一個時段

三十歲後，我學著獨自去旅行，或許是年紀，或許是心境，不再依賴從別人的眼光找肯定，也不再詢問他人日子該怎麼過比較好。歸來後的我也愛上獨處的時光，即使明顯感受到過去的朋友不理解你，也試著學會不在意，或許友誼關係很重要，但某一個角度來說，它也可以不重要。

自私，是一種美德，是成長淬鍊後的禮物。人生，不再駐留在過往，也不在某一群人身上，往前走，才能不原地打轉，就算最後只剩下一個人，也好過等待不會再出現的那些人。

有人說，一個人去旅行很自私，但是在經歷了友情的背叛、愛情的反覆、職場人性的摧殘後，旅途教會我，人，越老，活得自私一點比較好。不是叫你誰都不見，而是別把自己的人生寄託在別人的眼下，嘴上，過不去。

7 自然而然，才是最好的距離

熱情的人，像一團火，靠得太近，會把自己燒成灰燼；
高冷的人，像一塊冰，靠得太近，他也有融化的一面。

沒有人一定要靠社交去旅行，不用裝得很熱情

過去覺得參加活動、聚會、出門就是拓展生活圈的好時機，尤其是旅行，可以認識四面八方的異國友人，不過旅行多年後，發現每次陌生聚會都在重複同樣的台詞，旅途中短時間認識的朋友，最後都會像泡沫一樣化掉，讓人厭倦。

之前在德國海德堡的青年旅館裡，住了一位長居的老先生，整天待在旅館無所事事，不是看電視就是滑手機，偶爾跟不同的旅客聊天，但並不熱情，你不確定他在這裡到底是旅遊還是生活。也在葡萄牙里斯本的多人房住過一個禮拜，隔壁床的外國女孩一整天都躺在床上看手機裡面的影片，哪裡都沒有去。

很難理解不看風景、不交朋友、不做些什麼的旅行

起初覺得太荒謬，出來旅遊的人們花了時間、機票錢、飯店錢，最終什麼都不做，那為何不待在家裡，一樣可以過這些無聊的生活。中期，我也慢慢變得跟這些人一樣，在尼泊爾博卡拉湖畔住了一周，整天就在咖啡館發呆滑手機；在瑞典旅途中狂追著連續劇，不急著把旅行走到極致。後期，我認為什麼都不做的旅行，才更趨向自己嚮往的生活，或許人生本來就沒有太多道理可循，也沒有非做不可的決定，非執著不可的友情。

原本生活的環境裡，你無法討好所有的人，在自己旅行中，也只能討好自己，花一堆心思去討好別人，還落人口舌，不如做好自己，與其去追逐別人按讚的景點，不如去做貼近自己心情的旅行。

人生就像一場旅行，職場也是一樣，不缺讚，也不缺噓

出門旅行看到的往往不是風景，更多是人與人之間情感的交流，以及自身跟他人的差距。我提供自己的觀點，觀點不見得是事實，事實的面向有多種，人們通常只選擇自己願意相信的那種，不缺一個讚或是一個噓，自己喜歡就好。

以前很需要同伴，現在需要旅伴，會上背包客棧徵友，
以前希望別人幫我找好行程，現在需要資訊，會上google查詢，
以前期待別人幫我弄好機票，現在自己會上網查詢，
以前需要住宿會查很多篇文章，現在會上各大網站比價。

不要期待別人來幫你、救你，就不需要活在別人的期望或是失望裡

A說最近感覺過往的閨蜜似乎常發文針對她，讓她心裡很受傷，也不明白到底哪一點被針對？顧念過往的情誼以及生活總總，不吭聲，但就覺得喉嚨卡了一根刺，吞

不下去，又不想放棄。

我說，人情冷暖如花謝花開，不如把人的離去，想成正常的季節，如今天氣這麼冷，你需要的是火把，不是寒心。找溫暖的地方去，找合適的友情，學會在下一段人際關係中，繼續付出真心，還有學會慢慢看淡友誼。

把一些不想看的人取消，還給自己耳根乾淨，相信出走無關年齡，就是選擇而已，你選擇看見什麼，你就會看見什麼；你選擇關掉頻道，你就不會看見。如果光想到對方就會覺得不舒服，或許我們不需要嘗試努力，選擇各自走也是很好，不把糟糕的人放在心上，就沒有放下的問題。孤芳自賞，也是人際關係重要的學習。

阿爾巴尼亞 吉羅卡斯特

8

沒有人可以隨便對你情緒勒索

不是每個人都必須對誰感同身受，尤其是受過傷的人。

你的傷心難過，不代表別人也要跟你一樣

網路寫作的初期，我所撰寫的文章不時在網路上受酸民攻擊，出書後也有人在論壇留下差評，曾經非常在意。如今我放下差評的芥蒂，畢竟討好眾人原本就不是我會做的，關門寫作也非我想要，怕熱就不要進廚房，哪邊涼快哪邊去。

A是網路作家後起之秀，兩人彼此認識卻不熟稔，有天他的文章在某平台火了起來，底下的評論都是謾罵居多，有些人認為內容充滿偏見不可取，也有人直接連同他祖宗十八代都拉下水。他在自身平台發了千字文反擊，我沒有留言，甚至覺得一直跳出來很煩，因為你的傷心難過，不代表別人也要跟你一樣，就此按了隱藏（此篇文章），默默省略過去。

我能理解被打巴掌的痛，但也不想同情，因為我沒義務幫誰取暖，尤其是自己完全不理解的人事物！

當取暖文變成討債文，讓人感到情緒勒索

原以為忽略過就沒事，沒想到A當晚特地私訊給我，把千字文又重新整理短文複製給我看，而我就像是課堂上把書本蓋在臉上，躲避著老師的目光，但仍然被老師刻意點名要上台解答的學生。

我嘆了一口氣，請他不要在意酸民網路的留言，隨後講了一些人生大道理，畢竟酸民文化也不是一天養成，沒想到A突然神來一筆說：「前輩，你之前不是也被網路酸民攻擊過！應該了解我的感受才對。」

突然，我彷彿覺得背後被雷打到，就像準備離婚的人，去找已經離過婚的人訴苦，但不是每個離過婚的人，都樂於回憶起那段準備離婚的經歷。我深呼吸一口氣，不

想再安慰下去，畢竟沒有人必須幫助誰。過了很久才明白，不是每個人都會想回頭揭開傷疤，用自己的故事去安慰同樣經歷的人。

沒有人，可以隨便對你情緒勒索

那幾天，情緒好像掉進了一個深藍大海，鬱悶到說不出話，像是好不容易結疤的傷口，突然又被劃了一刀，但我也不可能跑去跟A說，都是你的錯。鬱悶了一些時日

波士尼亞 Blagaj

才明白，當你被逼迫同理另外一個人時，這不是同情，而是情緒勒索，所謂的同情心，不是一味用自身的經歷去同理另外一個人的觀點，

別當一根人人都可以抓的浮木，否則最後都是溺死的命運

這讓我想起經營社群期間遇到一位粉絲B，他常常私訊和我分享心事，自然而然把我當作人生摯友，甚至邀請我去他家作客。同時，我也視B為特別的粉絲，常常為他加油打氣。

過些時日，B的訊息次數變得頻繁，常常半夜來訊息，都是留些沒頭沒腦的文字，例如「你今天好嗎？」「在國外有遇到什麼可怕的事嗎？」「能跟我分享你喜歡什麼料理嗎？」我感到奇怪、不安，就開始疏遠不回覆，沒想到B就變本加厲的在我各種公開文章下面留言，讓我不勝其擾。我跑去問朋友遇到這種狀況如何解？我不想傷害誰，但也不想一直繼續被騷擾，朋友說：「人非聖賢，你必須撥開他的手，才不會向下沉淪。」

所謂同理心不該一視同仁，每一個人都會受傷，也都期待別人給溫暖，但如果一直被取暖，那麼有天，再熱的火種也會燃燒殆盡，熄滅後的心情就會變得躁鬱不安，陷入另外一個情緒勒索輪迴。

如果直覺告訴你「不舒服」，就該保持距離，別陷入浮木迴圈，沒有人因為有過不好的經歷，就必須成為誰的人生導師、誰的救生圈，誰的救世主！

9 朋友不是越來越少，排除了某些人，剩下就是真心的

最終你會篩選剩下的幾個人，
不是陪你走完人生，而是視為手上的珍寶、想要珍惜的人。

珍重的朋友，即使有再難的事情，你都會排除萬難跟他見面

前幾年A一家人從紐西蘭回來，問我有沒有空？我說：「是你，就一定有空。」在她返台期間，刻意把既定行程都排開，陪她跟孩子一起去一〇一展望台看夜景、去科博館逛逛走走，找間舒服的咖啡廳聊這些年在國外生活得如何，還安排了最好的餐廳，以及買禮物給她的孩子們。

A是我在念書時最好的朋友，每次心情沮喪，只要打電話給彼此，講些無邊際的中二對話，少女的煩惱就會消失。我們喜歡窩在房間看言情小說、聽著卡帶追星，直到她移民後，我偶爾還是會寫信給她，離開前她說：「下次你來紐西蘭找我。」這個諾言我一直放在心上。

法國 柯爾馬

直到三十歲，我因為申請紐西蘭打工度假，有幸居住她在奧克蘭的家半個多月。成為人婦的她、單身旅行的我，沒有因著時光有隔閡感，多幸運在年輕時遇見了彼此，我想，畢竟人經歷了歲月，剩下來的人，就是你想珍惜的。

三十六歲我又回到紐西蘭住在她家一個禮拜，隔年她帶著一家四口回台灣，兩個人幾年才能見一次面，卻從來不覺得陌生，應該是彼此心中都留了位置給十二歲時的我們。純真的年代、歷久的友情，你眼前想珍惜的，更多的是彼此長不大的過去。

朋友，越大越知道誰可以踩你的雷，誰不可以

越長大，會越感慨身邊的人都留不住，不是因為不珍惜彼此，而是越來越不想妥協自己不願意做的事。想想二十歲念大學時，社團的人隨便一揪就可以數十人一起騎著摩托車去陽明山看夜景，半夜在茶館聊到天亮都不罷休，把所有精力都花在彼此的身上，雖然偶爾人與人間會衝突或不愉快，但很快的就把尷尬放下。但到了三十多歲，發現有些人慢慢失去聯絡，或者不再聯絡。然後過四十歲，發現朋友不是越

來越少，而是自己回不去年輕時這麼在乎身旁人的感受。

以前會記住每個人的生日，在重要的日子跟對方說「生日快樂」；現在彷彿節慶的祝賀變得多此一舉，聚餐也變得有一搭沒一搭，但見面時還是很珍惜相聚的時光，明白在一定年紀後，能懂得並想起彼此的好。

明白自己的底線在哪，人跟人之間還是需要保持距離，即使一見如故也不要失了分寸，每個人都有對生活不同的堅持，尊重是必要的。不過若有人踩了，分離也只是必然的。

朋友不是越來越少，排除某些人，剩下就是真心的

年紀越大，歲月的魔法會將把時間變得越來越慢，也越來越不想深交新的朋友，只想窩在舒適的地方，留下舒服的人在身邊，去自己嚮往的地方。不再像過去年輕時，什麼人都想認識，什麼危險都敢去闖蕩。

以前，不認識的人想加我臉書個人好友，會按「確認」，現在，沒見過、不認識，不敢亂加。因為我的生活不是想讓誰看就可以看到，原來過了某一個年紀，我們已經不輕易交朋友。

我想年紀越大不是朋友越來越少，而是只留你想珍惜的人。去某個地方會想起他、吃好吃的會告訴他、傷心的時候會打電話給他，你知道他在忙的時候，不會打擾他；需要你一起喝咖啡時，表示有事情想告訴你，你明知道什麼忙都幫不上，還是會想去抱抱他。

活著你會經歷很多人，在來來回回無數人中，最終你會篩選至剩下幾個人，不是陪你走完人生，而是視為手上珍寶、想要珍惜的那個人。

10 不是人人都必須要理解你

被人理解，很重要，但你不理解自己，永遠都會活在迷霧中。

青春迷霧中找不到方向，你需要的是引渡人，不是同路人

二十八歲時，我無論職場跟感情上皆過得特別不順遂，上班時腦袋裝的都是「幾時要丟離職信」，約會吵架後總想「該不該分手」，生活的種種就像打陀螺，持續原地旋轉卻沒有任何出口，期待有人來指引方向，往往換來好友一句：「不要想太多！」

什麼叫做「不要想太多」？一閉上眼就直接墜入靈魂地獄，根本沒有選擇的餘地，而身邊的人就像站在河堤旁看我在水中掙扎，無法給任何幫忙，甚至有些人在最需要溫暖時潑我冷水，叫我有工作就要知足，成為壓垮靈魂的最後一根稻草。

過了數年後，才發現太過依賴同溫層的朋友，並不能為自己的迷惘帶來解答，我們對彼此知根知底，卻不知道我們以外的世界會有多少可能，迷惘籠罩著所有人，在迷霧中取暖只能感受到冷。

旅行遇見的陌生人，改變我的一生

紐西蘭打工度假時遇見了A，在員工宿舍相處不到一個禮拜的時間卻著實改變我的一生，小我一歲的A頂著瑞典研究所碩士的光環，獨自遊歷過世界不同的國家，我說：「一定是因為你語文能力好才能辦到，像我這麼膽小的人能跨出一步來國外生活，都覺得是極限。」

A搖搖頭，並不像其他人一樣總是誇耀自己、貶低別人，而是理解我說：「其實我也很害怕，但總覺得應該可以嘗試到不同世界看看。」A曾經也在歐洲畢業後得到當地雇主的工作簽，後來放棄後回到北京工作。她說工作沒有貴賤、薪水高低的區別，只是一直在尋找人生的夢幻工作，即使這很難，但在旅途中她真實的看過有這樣的人存在，他們的身上彷彿散發一種職人的光芒，她希望自己有一天也能跟他們一樣。

我看著A，心裡是說不出的羨慕，一個女孩怎麼有勇氣去追逐那麼多不可能的生活呢？她卻微笑看著我說：「我也覺得你很厲害，又會畫畫，又當過專案經理，還有勇氣踏出這一步去旅行。」

我的心彷彿被熱火溫暖，那種被理解的激動，像是一道耶穌光芒從雲層中穿透到充滿枷鎖的我身上。她認同我的過去，即使她根本不了解我，但她明白我的困惑，因為她也走過人生的困境；她不覺得自己很勇敢，但認為我們可以一起勇敢面對不一樣的人生。

此刻綑綁生命已久的枷鎖，彷彿因為A的幾番話而顯露曙光，我告訴自己：「既然她可以，為什麼我不可以。」或許能理解自己的人，並不是那群跟你朝夕相處的人。

日本 瀨戶內海 小豆島

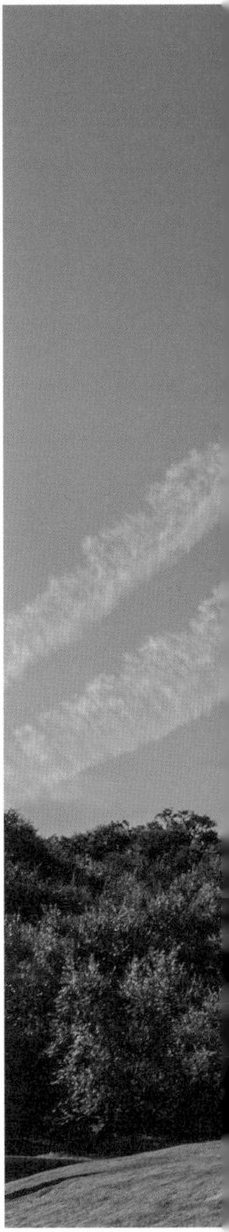

沒有人有義務理解你，你必須要理解自己

壯遊歸來後，我曾迫不及待把過程中發生的故事，分享給身邊的好友或過去不看好我的人，但幾次聚會下來，我變得很少提起在國外冒險的故事，仍舊配合聊著彼此生活上的大小雜事。

剛開始我也很困惑，後來才明白不是她們不想聽，而是無法理解。她們沒睡過車站、不懂整天吃吐司的樂趣，在她們眼中我像個骯髒的流浪漢、不懂為何要把旅程變得這麼可憐。

別人不懂你，不是他們的錯，但如果你只依賴這群朋友生活，那麼你的眼界也只限於此，你不被理解，也是正常的。

每個人都需要舞台，珍惜在台下聽你說話的人

一生中不見得人人都會陪你走完全程，求學時，選不同科系，畢業後，選不同職業，然後愛上不同的人，過上不同的人生。不要因為別人不理解你感到沮喪，因為你已經走出了自己喜歡的道路，這個世界總有一群人也跟你一樣，只是你還沒找到他們而已。

每個人都該擁有自己的故事、自己的聽眾，不需要為了有沒有人聽你說話而感到氣餒。去珍惜會聽你說話的人，他們願意把寶貴的時間留給你，因為知道你也會帶給他們不一樣的視野。請成為一位有故事、也能說故事的人。

11

不必把太多人請進生命裡，要離開的人不要強留

你是誰，遠比你認識誰，還要重要一百倍。

曾經我不理解，為什麼一段經營數十年的友情會因為一件極度微小的事件變得形同陌路，換作年輕的時候，不是彼此道歉就好嗎？等到年歲漸長才發現不必把太多人請進生命裡，要離開的人不要強留。

每個人都有底線，即使這底線看似很渺小

以前，我很在乎身邊人的感受，當對方沒有同樣把感受放在心上的時候，就會很受傷，但交朋友原本就不是貨物買賣，並不能要求別人跟你感同身受。

不是當朋友就可以當旅伴，有些人當了數十年好友，出門一趟回來就形同陌路。或許就是太輕忽彼此的底線，可以吃飯聚餐聊天，不代表能過夜跟生活，這就是每個

人在價值觀上的差異。

年紀越長，不想花時間去應付不重要的人

曾經我很認真對某些人付出，但發現對方總是冷淡的應付，一開始百思不得其解，心想自己到底做錯了什麼？後來才明白對他來說，我只是一個不重要的人，那個不重要不代表不喜歡，他把寶貴的時間留給自己關心的人，而我也不需要把自己陷入被討厭的情緒，只要去找你關心、懂你的人，和這類型的人漸行漸遠是必然的途徑。

黑山共和國 科托爾

成長期間，許多人都在無數聚會、不同課程、職場上擴展生活圈，篩選可以繼續待在身邊深交的人。人都有被選擇與選擇別人的權利，不需要因為被忽略而感到困擾，就算不被某人選中也沒什麼大不了。

有些人消失了，有一天會回來，別問為什麼

或許有人會問，你選擇跟朋友漸行漸遠之後，還可能當回朋友嗎？我想凡事都有不一定，一個人的生命說長不長、說短不短，或許今天打翻了醬油，明天也可能為了借醋又在一起，拘泥在過去的憤怒，才是讓人走不出去的憂鬱。

小時候都會討厭班上某些人，長大之後再見面，也不會認定他還是以前那個討厭的人。人會隨著時間改變，對人的負面情緒常常都在當下，最終情緒散去，也就沒有一輩子恨意的問題。有些人會回來，不過請明白只能收容一陣子，沒辦法再像過去無止盡的接納。

不浪費時間在別人身上，就是對他人的善良

以前只要有人來求助我，我都會很樂意幫忙，只不過當這種人越來越多，不自覺就被當了浮木，好幾次我以為對方把我看成很重要的人，後來發現自己的生活不自覺被人情緒勒索，好幾次都陷入了恐慌。

幾次經驗後，明白劃定界線很重要，不要把寶貴的時間浪費在無所謂的人上，更不要浪費在讓你感到壓迫的人上，沒有人必須拯救誰，你不是上帝。

適應孤單的人，也可以在一群人中歡愉快樂

以前我喜歡把生活排列得很滿，想要跟每個人都保持一定緊密的聯繫，結果把日子變得擁擠不堪。為了幾個月一次的聚餐搞到心神不寧，結果過程中也不知道該說些什麼，一兩次之後我在想，何必為了聚餐而聚餐。

時間流轉，身邊的人從這群換成另外一群，唯獨自己不行被替換，明白當自己是一個好咖，就會吸引許多人來認識你。可以一個人喝咖啡，也可以一群人唱卡拉ＯＫ；就怕你一直在找朋友，卻沒有朋友願意跟你在一起。

遇見自己，再遇見別人，別活在恨裡，那是對自己殘忍

年輕時，會花很多時間經營不同的人際關係，希望增加人脈之後有助於事業或未來發展。但後來發現，你是誰，遠比你認識誰來得重要。會被人記住或是吸引，往往跟人格特質有關，可能是善良或是幽默，但不會是有錢或職稱。

珍惜還在生活圈裡的人，隨著時間會越來越稀少，當然，能留下的人，必定是你看重的人。如果哪天他要離去，也不要強留，一定會有人補上，只是早晚問題，不過最終能與你在一起一輩子的，永遠只有你自己。

PART 3

兩代之間，再拉扯，請學會彼此靠近

1

離開，是母女宿命和解的開始

離開後才明白，最思念的還是家裡的點滴。

家裡有隻母老虎，教出來的孩子只想逃離家

不得不說，我年少時老想怎麼搬出家，原因就是家裡有隻母老虎，而那隻母老虎就是我媽。一起生活了數十年，整天叨念，監管一切。半夜想偷看小說，我只能在棉被裡用手電筒偷偷摸摸的看；明明是跟同學約會逛街，卻要撒謊去圖書館念書，最受不了的是她對金錢的管控。

大學四年，假日同學都會約出去郊外遊玩，只有我必須回家一趟。同學說：「怎麼每次你都不來？」我哀怨的說：「若不回家拿零用錢，我下周就喝西北風。」這就是我媽引以為傲的「金錢控制法」，利用每周回家吃飯發零用錢，沒有回家就直接

歸零。出社會後，也威脅利誘我每月要上繳數萬薪水，她說：「我先幫你存起來，以免你亂花。」

明明好不容易開始賺錢，卻老是手頭緊，朋友揪團買包包、同事約高檔餐廳聚餐，而我卻只能在旁邊乾瞪眼推絕，那種悲催感至今還在心底，有種活到這把年紀，裡裡外外都被母親掐著脖子過活。想到台北找工作，她一口回絕說：「去外面找工作，租房要錢、吃飯要錢，你怎麼就不會腦子往久遠點想。」

母親為我鋪好了路、選好了科系，設定好了目標，而我就像被圈養在動物園裡的猴子，這並不是我想要的，但我卻不能選擇不要，身邊的朋友大多也是這樣。我心想，或許嫁人，有自己的家庭之後，我才能逃離她的魔掌吧！

人生最大的叛逆，就是去國外生活一年

不是沒有想過忤逆，青春期間有過無數次讓人想死的母女吵架，彷彿再多抗爭都沒

用，換來彼此冷戰，我的退讓、她的悶不做聲。她的決定沒人能改變，我的吶喊只能留在棉被裡。總有人說家是溫暖的居所，我卻覺得像極了牢籠，為了表面的和平，我不爭吵，她不越雷池，就這樣相安無事了幾年，直到對於生活的熱情油燈枯盡，我意識到不能再這樣下去。

「到底幾時，我才能選擇自己想要的生活呢？」夜深人靜，我總會這樣問自己，三十歲那年的母親節，我鼓起勇氣跟她說：「我想要去國外生活一年。」她什麼也沒說，就當我的話是空氣，我知道她聽到了，只是她不想面對我已經翅膀長硬的事實。

我也不知道哪來的勇氣，決定叛逆到底。既然家人無法溝通，那就盡我能做到的告知，寫過企劃書，煽動親人幫腔，熬過同個屋簷不說話的數月，她棄械投降，我得到了第一次勝利。她說：「你去吧！」我什麼也沒說，只是淚流滿面不知所措。

中國 西藏 拉薩

離開，是母女宿命和解的開始

下飛機後的一個禮拜，她電話那頭問：「需不需要給你匯錢過去？」我知道她擔心我。我們一週會通一次越洋電話，電話那頭不是記憶中冷冰冰的母老虎，是小時候把我捧在掌心的母親。

某次我在奧克蘭的宿舍準備參加異國美食派對，實在不知道要煮什麼家鄉料理給其他人吃，於是打了越洋電話給她說：「媽，有什麼簡單又代表台灣的料理？」媽媽說：「那就做蔥油餅，我跟你說那個麵粉跟水的比例要多少……」那一晚我在電話另一頭，想哭，想吃媽媽做的蔥油餅，才知道她的關心都一直壓在心裡，只是嘴上不說而已。

逐漸的，距離加深了親情，她偶爾會問我在國外做些什麼，我也關心國內的天氣；她說去哪兒都要跟她說一聲，我說用一通電話報平安。她老問我幾時要回家，我也懂那句話的弦外之音就是：「女兒，我想你。」

在成長的過程中，母女倆都不懂得說愛，卻常以愛之名去控制彼此的言行，撕裂彼此的內心，在相距千里時，才放下多年對彼此怨恨的心結。

如果可以，母女倆重新開始做朋友

旅行回來後，我先放下防備，抱著她說：「媽媽，我愛你。」她立即不適應，推開我說：「菜煮好了快去吃。」我想每個人對於愛的表達方式不同，她覺得煮一頓菜就是對家人的愛，而我稱讚她煮得好吃，就是最好的回報。

以前老想搬出去住，如今是時候換個方式重新開始，我不再抱怨工作，她也不逼我做不樂意的事。想到過去我曾為了旅途中的陌生人請我的一杯熱茶熱淚盈眶，卻不懂家人複雜心思下的控制，只是為了讓下一代不要重蹈覆轍。或許兩代關係往往禍福相倚，從小相愛相殺，最終還是會和解。

2 單身廢物女兒

有些沒辦法彼此改變的，就默默的，不要去改變。

有次出門旅行時，回程車上媽對我說：「我跟你爸對你也沒什麼要求了！」我也直接回：「對，的確也沒辦法有什麼要求。」畢竟家裡養了一個年過四十的單身女兒，逼嫁也難，趕出去也麻煩，彼此四十年知根知底，也沒什麼好假裝。

十歲捧在手心當寶貝，二十歲捧著錢讓她去念大學，三十歲期待她能有好歸宿，四十歲不該有期盼，也放棄了叨念。

滿足不了其他親戚的要求，我還是你們的女兒

做為一個女兒，我應該是失敗的。為父母分擔解憂的功能並不存在，賺錢養家的孝

荷蘭 阿姆斯特丹

心也沒有，嫁人生子沒安排在計畫內，平日就想著接下來要去哪裡玩樂？陪哪些朋友聚會不想回家？反倒是逢年過節時待在家，不想出門跟親戚拜年問候。

曾經，我會為此獨來獨往的任性感到抱歉，尤其聽到別人對媽媽說：「你女兒不是三十好幾，怎麼還不出嫁？是不是條件太高，再晚就嫁不出去。」一把火就燒到腦門，差點髒話三字經就飆脫口。女兒嫁不嫁人又不是父母的選擇，為什麼他們要承擔異樣的眼光。

後來媽媽智慧地化解了無數的尷尬，她說：「女兒的幸福她自己決定，跟我無關。」畢竟手心是肉、手背也是肉，嫁不出去也還是肉，與其被三姑六婆閒言宰割，不如直接劃開一道線「與我無關」。

的確，有些人你小時候見過很多回，長大之後記憶也都淡，一年不見得會碰上見面，何必為幾句話耿耿於懷呢？既然滿足不了親戚的要求，也無法順著父母完成心願，順勢就把不中聽的話自動消聲，逐漸地我也不太逗留長輩圈，省得自己心煩氣躁。

廢物女兒的功用，就是順著父母過日子

少時想離家，年紀越長卻越喜歡待在家，吃著媽媽煮的菜，陪著爸爸喝喜歡的茶，彼此聊著生活中瑣碎的大小事，日子過得平凡且扎實，或許因為有一段在國外生活的時間，回來後明白家雖然不完美，但很溫暖。

尤其出外那幾年，媽媽老說一家兩口的菜難煮得好吃，爸爸也說餐桌上總幾道料理就潦草解決。我想他們是希望我常待在家，桌上碗筷多一副，菜也多一道，邊吃邊聊，日子才過得熱鬧。

長住家中，偶爾媽媽會急著叫我說：「女兒，那個網路斷了！」我就瞬間打電話給網路公司處理，或著說：「怎麼手機軟體進入不了呢？」我就會幫她做移難排解。有時鄰居會羨慕我媽說：「別人嫁出去的女兒，一年才回娘家幾次，見不到幾個小時就要離開，多傷心。你都沒有這問題。」我媽從煩惱女兒三十歲嫁不出去，到這幾年來在左右鄰居時而發出的羨慕聲中，漸漸真心釋懷。

一個像我這樣的廢物女兒，到底好還是壞？

像我這般的廢物女兒，不進廚房不掃地，偶爾還嫌媽媽煮菜難吃，也開始明白與年長父母的相處之道就是「順著」脾氣走，他們要的就是兒女能賺錢養活自己，我要的是他們平安健康而已。

不過也有人說，照顧父母的重擔好似都落在嫁不出去的女兒身上。我則反駁說：「照顧是彼此，從來不是單向。」不能說大齡、單身、未婚就是為了陪伴家人，而正因為感情、工作無牽無掛，家人才是此刻最大的牽掛。

近幾年我媽也不管我幾點起床，假日去哪，爸爸則拉著我說要去哪旅遊，叫我帶他去環遊世界。有人說中年還窩居在家叫寄生蟲，但能當一隻幸福的小米蟲，我非常驕傲。

某次回程的路上，我媽把橘子剝好給我吃，像小時候叫我張開嘴，本來想說不要，後來就翻著白眼把嘴打開，我媽無奈的說：「剝給你吃還嫌棄！」我心想，家人間沒辦法改變的，就默默的，不需要彼此強求一定得改變吧！

3 陪伴父母去旅行，是一種修行

別說「以後」我再帶你去旅行，人生沒有太多的以後。

童年，爸媽總是開車載著我跟哥哥一家子四處旅行，過了青春期，我就只願意跟同儕出遊。大一點後，家人相處早已落入無話可說的窘境，還沒踏出門就能預料接下來絕對是演災難片。後來，父母習慣跟團，我熱愛自助旅行，你走你的陽關道，我走我的獨木橋，彼此不擋道。

或許是上輩子相欠，這輩子才會來做家人

因為嚮往旅途，我幾乎一年到頭都在國外四處飛奔，突然有天回到家媽媽隨口說：「家裡出了一個旅遊達人，不如帶爸媽去沖繩走走。」我沒想太多也就答應，戰戰兢兢做了嚴謹的事前規劃，沒想到最終還是爆炸性的悲劇收場。

出門因為怕家人臨時肚子餓帶了泡麵，母親堅持要在離開前煮完，毀了我安排好的晚餐行程，因此為了一包泡麵差點鬧到快上警局，我氣到想直接買機票把母親提早送回家，她也氣到什麼行程都不想配合，待在旅館不想出門。回來之後我就發誓再也不重蹈覆轍，怕自己隨時隨地在國外都想切腹自殺。

我不懂為什麼跟團就可以配合旅行社，和我一起就不能配合女兒安排的行程？直到年紀越長才越發明白媽媽的牛脾氣是遺傳自外公，不是她不願意妥協，而是她早已經把「妥協」兩個字刪除在生命中，此時除了旁人妥協外，別無他法。或許上輩子相欠債，這輩子才能是家人，想到此我逐漸退卻心中的介懷。

再次出遊，退一萬步想，吵架生氣都比冷戰無語好

事隔兩年後我問媽：「今年過年要不要去婆羅洲看熱帶雨林？」她不加思索地說「好」，於是一家子就在年前逃離到異鄉過春節，不過旅途期間該發生的冷戰、大吵、不爽一樣也沒少。我一度躲在房門外偷哭，媽媽在房門裡生氣，爸爸兩邊不討

好，當下每個人情緒都被憤怒遮蓋，經歷一夜冷靜，想想這不才是一家真實的狀況嗎？

青春期，我老是用大聲關門表達憤怒，她也用各種方式控制子女，隨著時間磨合，逐漸有了彼此不干擾的習慣，於是在家生活相安無事，卻少了內心層面的交流。出門遠行之後就不一樣了，彼此老是能為雞毛蒜皮的事吵到面紅耳赤，剛開始不習慣，後來明白這才是真實的家庭狀況。而養成「不吵架」這回事，是委屈了多少年彼此忍耐出來的結果啊！

阿根廷 卡拉法特

沒有最好的旅伴，只有不能遺棄的家人

朋友說：「每回帶家人出門，你都氣到七竅生煙，之後還願意帶父母出門旅遊嗎？」

我說：「要！沒有人能逼我入火坑，唯有自己入火坑，每帶出門一回，每吵一次，彼此回憶才更深刻。」

有了幾次帶出門的慘烈經驗後，我也反思自己的脾氣是否太過，當年紀越大，更明白父母親不見得可以陪伴我們終生，再老一點，或許誰都走不動，不想等到哪天彼此白髮斑駁，躺在病床套房時，才徒留原地的遺憾。

青春會老，叛逆已過，能順著父母的脾氣過生活、去旅行，是一種修行，更是回憶。家人不是可以挑的旅伴，帶出去也不是為了看風景，更多是為了創造彼此靈魂中不想忘懷的回憶。

一生中總有最想珍惜的人，中年後我想珍惜家人

有人跟我說，這輩子他絕對不會帶家人出國自助旅行，我在一旁嘆了口氣，想想過去自己也發過同樣的誓言，不過時間會改變心態，尤其當父母的身體不再健朗，能出門的次數不再頻繁，會更想珍惜每一次能帶父母出去的時光。

曾經在跟父母一起旅行時，爸爸分享小時候與爺爺的回憶，媽媽述說當年走過的風景，那是我從來沒聽過的故事。有次講起年老的現狀，父親說一年總要送走幾位老友跟親戚，過了某個年紀，看得太多，失去也太多，也明白哪天就會輪到自己，也會怕賺了一輩子的錢，想做的卻一件都沒做。

爸爸說：「人生的畢業旅行，最後一個國家是天國，除此之外沒有不能去的地方。」那個當下，我想自己能做的，不是讓他牽著手走幸福紅毯，而是帶他去天涯海角看世界最美的風景。

不要說以後，人生沒有太多的以後

我懂為什麼過了四十容易感慨，因為害怕時間太過無情，意外不知道什麼時候會來，心想趁著家人還健康安在，任性的夢想可以晚點，多抽時間陪伴家人才是正事。

我總告誡別人，別老是和父母說「以後賺了錢再帶你去旅行」，有一天會後悔沒有在他們健康時，帶他們去想去的地方，即使整趟旅程你們都在互相生氣，也是一種回憶。

4

死亡，不只是存留遺書交代後事

能給死者最棒的離別禮物，就是好好活著，精采自我人生。

關於死亡，很多人說當你碰到就知道了

我還在念國小時，奶奶就去世了，還小的我不懂至親去世的悲傷，只知道奶奶的告別式一連辦了好幾天，我穿著孝服坐在一旁的椅子，叔伯姑嫂們哭得稀哩嘩啦，我一滴眼淚都沒掉，心頭只顧著跟堂哥表妹四處玩耍，完全不理解大人為什麼哭得這麼悲傷。

長大後，死亡變成了一種禁咒，青春期曾經動過拿美工刀在脈搏劃上一刀的念頭，心想是否煩惱就此一了百了，後來聽聞國中某位同學自殺，才知道死亡能解決的只有自己，傷痛是留給活在世上的人。一直以來死亡對我來說是很淺薄的，身邊總有人說當你成為當事人，才能真正明白生離死別那種錐心刺骨的痛。

外公的去世，母親的肝腸寸斷，我還是沒哭

幾年前外公因為車禍意外去世，在告別式上，我身穿黑衣淹沒在人群中，同樣的我一滴眼淚也沒有掉過，記憶中外公的模樣很清晰，卻沒有太多感情。儀式最後是將棺材運送到焚化爐，突然間媽媽撲倒在棺木上崩潰決堤，一旁目睹的我終於哭了，因為眼前這個女人，是我生命中最重要的人。

母親應該是很愛他的父親，才會哭得如此肝腸寸斷，只是逝者已矣，再深的思念也只能訴諸夢裡，最終明白有一種思念會讓人無所適從，有一種悔恨會讓人一輩子自責不已，有一種眼淚會讓人無法停止，只能相互擁抱，然後讓愛平撫一切。

只有在世的人能創造回憶，有生命的人才能用眼淚思念過去，世間最寶貴的就是情感，即使恩恩怨怨，也該在死後放下一切。

對於逝者，尊重的送他們最後一程

公祭結束之後，我跟父親兩個人併著肩一起默默返回家，爸爸開始慢慢告訴我母親的故事，那是我從來沒聽過的故事。

十四歲後母親就離家開始工作，每一分錢都拿回家蓋外公的房子，一磚一瓦都是母親跟外公的回憶，媽媽很努力，從小就很努力，即使每次都跟外公爭吵，最後還是會忍下來跟外公合好。每個人都說媽媽像外公，很像很像，連脾氣都像，父親的不捨在我眼中一覽無疑。

他說接下來要帶媽媽去更多地方旅行，每位親人的離去都在告訴我們，有些事情現在不做，可能無法再做，如果還有時間，請把握當下每個能去做的時光。

曾經我也因為同事的死自責不已，悲痛過不去

幾年前，部門的同事跟我提了離職隔幾天就自殺，這件事情震撼了我整個人生，那時候呆坐在椅子上久久無法平復，甚至覺得沒有阻止他自殺是我的失誤，過了半年我都還活在罪惡感跟自責裡。

後來我旅行到了恆河畔，在河邊幫他點一盞燈，我告訴另外一個世界的他，要好好的過，或許自殺是你的選擇，我只能尊重你。如果可以，我希望我能繼續好好生活下去，而你的靈魂在另外一個世界能夠安息。

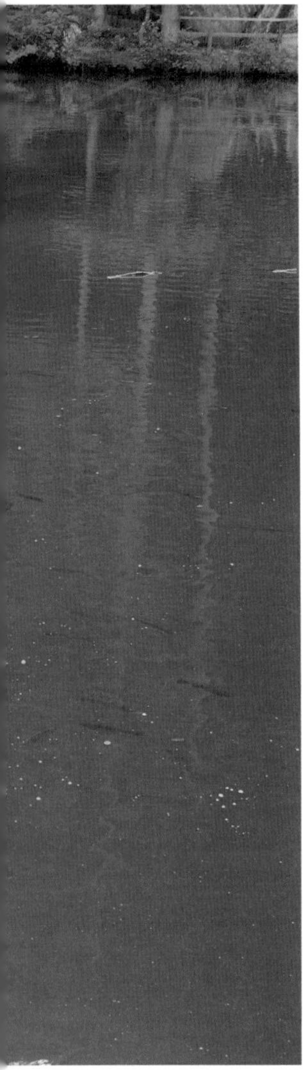

瑞士 藍湖

給死者最棒的離去禮物，就是好好活著，精采人生

曾經我活在生死兩茫茫的迷惘中，花了一段時間才慢慢走出來，對我來說，這是人生重要的轉折點，也是啟發點。這幾年不停旅行，也是因為不想虛度人生，對不起自己。

我想趁有生之年，努力去做更多死都不想後悔的事情。當親人開始慢慢離去，有些事情只能趁著還有光陰，努力前進，我想能給死者最棒的離去禮物，就是好好活著，然後精采人生，相信若有輪迴，必能再度相遇。

5 許多家人給的傷害，其實是自己給自己的

家人，偶爾也要做回陌生人，才能讓關係拉近。

我出生在台灣經濟起飛的年代，常說自己是最幸福也是最不幸的一代。羨慕父母二十幾歲就可以成家立業買房買車，六十幾歲就可以退休，如今萬物皆漲，只有薪水不漲，擁有了過去沒有的物質享受，卻也要承受更多不確定的迷惘。

偶爾母親也會碎念：「下一代都不生小孩，國家還有救嗎？」我翻過白眼就馬上回嘴：「生孩子就能救下個世代，那誰來幫我們養。」兩代間，無論是金錢、職場、政治、倫理觀念都產生巨大的拉鋸，誰也不願意退讓。

試著理解上一代，才能和解彼此的拉扯

兩代之間的複雜關係，很難說得清。朋友A最近帶男友回家，她媽一開口就問對方

做什麼工作？一年賺多少薪水？存款裡有多少錢？家中的經濟狀況如何？有沒有房子跟車子？讓A的男友嚇到不知該怎麼回答。A很不滿為何母親的價值觀都反應在價格上，彷彿錢就能定義萬物，又不知道該怎麼跟長輩溝通。

我說那是上一代人的認知反射，經歷沒錢困苦的生活，於是接受錢能決定人的高低貴賤的理念。去試著理解上一代，才能和解彼此的拉扯，某些觀念，你無法去改變，也不需要改變。

瑞士 菲斯特

過去我也會苦惱於無法跟家人溝通，只想著自己被壓抑的理想，把錯誤都推在家人身上。直到意識到「誰二十幾歲就會當父母」，他們也在學習如何教育孩子，而我們卻忘記時間會改變狀態，最終糾結的問題都會過去。在中國連續劇《以家人之名》裡有句台詞說：「最容易令人感到溫暖和驚喜的是陌生人，因為你對他沒有期望；最容易令人感到心寒和悲哀的是親人，因為你愛他們。」

面對與家人相處的歧見，越是往同一個面向去看，情緒會不自覺拉不出來，跳脫子女的身分後，才能和解記憶深處的不安。

帶家人旅行，是我跟過去憤怒和解的方式

「沒有解決不了的問題，只有你不想面對的問題。」對於兩代親子關係，我給出這樣的一句回答。

有時，我會在公眾演講時分享帶家人去旅行，不是炫耀帶他們去看了什麼風景，而

是敘述我們在旅途中吵鬧不休的歷程。每次吵架時我真的氣到想把我媽送回家，但晚上頭一碰到枕頭，我又覺得後悔，很怕她不開心，心想為什麼要說那麼糟糕的話呢？想抱抱媽媽，說「對不起，不該對你這麼兇的」。

我告訴自己：「或許媽媽錯了，但我的脾氣也錯了，如果可以重來，我想換種方式我們都會比較好一點。」家人，是許多人心中最柔軟的那塊，也是最無法諒解又想原諒的，在天平的兩端，如果沒有人願意打破，就沒有辦法靠近。

給你感動的是陌生人，給你傷害的卻是家人

過去生活中，我會為了家人的幾句話，心寒到彼此不再說話，而在過去的旅程中，也總能因為陌生人的親切而感動萬分。家人不像朋友，說絕交，就絕交，我們必須先跟自己和解，才能在難解的家人習題中找到答案。

許多家人給的傷害，其實是自己給的，倘若一直把某件事墊壓在記憶中，悶在心裡，最終被傷害的，還是你自己。

6

別把孝順掛嘴邊，人要的不只是孝順

過於掌控下的孩子，會忘記自己有夢想，也忘記思考跟反駁。

過著自己都厭惡的一生，難道就是孝順

有次遠行前有人跟我說：「父母在，不遠遊。」彷彿踏出家門就是不孝，不過怎麼樣才算是孝順？以前母親很愛嘴上掛一句我不中聽的話：「我花了多少錢養你？」彷彿養育是天恩，你一輩子都還不起，只有聽話的才是乖孩子，我心想：「連自己都厭惡的一生難道就是孝順？」

三十歲的叛逆，我選擇打包遠行，路上也遇見同我遭遇般的旅人，才發現許多亞洲家庭常以「孝順」兩字勒索子女完成長輩的期望，考個好學系、賺大錢、買房子、結婚生子，甚至需要負擔整個家計。還不能質疑父母、不能頂嘴長輩、不能自作主

印尼 日惹

張，若不按照此價值觀的意見走，就會得到「不孝」的罵名。

各自結束遠行旅程後，有人回去被家人逼著考公務員，有人嫁給親戚介紹的對象，或是被父母說服買房，而我卻不想這麼過。既然翅膀長硬了，就要學著飛遠一點，若有人再用「父母在，不遠遊」恐嚇我，我會說：「下一句『遊必有方』有聽過嗎？」如果我能隻身在外照顧好自己，又何必擔心他人說三道四呢？

父母養育子女是應該，子女孝順父母也是天職嗎？

三十到四十歲這階段，我保持單身、旅行跟自由業，常大半時間都不在國內，偶爾會到各地演講，遇到台下聽眾會問我：「老師，我也想像你一樣離開家去旅行，但放不下我的家人，我的家人也放不下我，如今我片刻也不想待在當今的環境，不知道該怎麼活下去，這樣的日子幾時才能結束？」

我悠悠吐口氣說：「同學，你言重了。你旅行結束會回家，你旅途中透過網路可以隨時跟家人聯繫，倘若中途發生狀況，買張機票就可以飛回來，你不是踏不出去旅行，而是被恐懼掩蓋判斷，同時無法應對家人的情緒勒索。」

我認為孝順是成年前回敬父母的養育，成年後父母也不應該拿著「養育」跟「擔憂」無止盡對子女情緒勒索，在二十到四十歲左右的這人生精華間，被一味掌控下的孩子，會忘記自己有夢想、忘記思考與反駁，忘記每個人都是獨立個體，不是某些人的依附。

旅途回來後，我最大的覺醒就是放開父母的手，拿回了薪水自主權，接下來在沒有告知的狀況下，一再的出國旅行，久而久之他們從無奈到無所謂，畢竟倦鳥仍會歸巢，並習慣這樣的我。

不要把家人當成藉口，也不要逼著家人接受

近幾年我獨自旅行至印度、西亞，引來一堆人非議說「你家人不擔心嗎？」我把相

同困惑丟給家人問：「爸爸，我一個人去印度，你不擔心嗎？」爸爸說：「我有什麼好擔心？我是放棄！放棄對你的掌控，才能讓你飛得更自在，不管你在外面做了什麼，反正回來你媽都會煮一鍋好菜等你。」

與其擔憂家人的各種反應，不如放下心中的芥蒂，畢竟父母接受或否定你，都是他們的決定，並不能代表你自己，倘若溝通有用，也不會這麼多孩子選擇離家出走，一味的順從不會換來彼此的尊重。

旅途中我遇見了許多旅人，包括香港的 Kelly，她一樣旅行、環遊世界，同時每個月都拿錢回家。不能在香港賺錢，就去英國打工度假兩年，兩年的時間她認真賺了旅費跟家用，只為了完成自己心中旅行的夢。

人生最難的選擇是拿「孝順」逼自己不得不，打從心裡就覺得活著委屈，一輩子過著身不由己的人生，事實上，還有更好的解決方式！做你自己，逐步脫離親情勒索的壓力。

PART 4

感情，再相愛，都需要曖昧的距離

1 四十歲，我還是嚮往愛情

愛過很多人，你才會發現最愛是自己，最怕失去愛人的能力。

過了三十，感情還在浮浮沉沉沒有定論，當事人不著急，卻急壞了身旁一群三姑六婆們，眼看日曆一天天撕過，就像倉庫裡的罐頭食品快要過期，她們說：「別對愛情失望。」而我說：「並沒有對愛情失望，只是沒有嚮往婚姻而已。」

我的愛情觀很簡單，遇到一個感覺不差的人，嘗試跟他出去約會吃飯，看個電影……，結束時會擁抱一下，但那不是談戀愛，更不是交往，而是在確定心意之前能多了解對方。

朋友說：「什麼是確定心意？跟他出去約會不就是為了準備談戀愛嗎？交往不就是為了要結婚嗎？」我翻了白眼回：「感情又不是百米賽跑，衝刺就會有結果，反而我覺得像是購買夢幻清單，最終你買的不是物品，是你自己的欲望。」

戀愛，是一種被愛的欲望

二十多歲時，我有強烈被愛的欲望，走在路上期盼對面的男孩可以看我一眼，對於戀愛有很多想法，期待喜歡的對象注意到我，多跟我說幾句話，微微一笑就能融化心中千萬焦躁不安。我是一個商品，期待被白馬王子挑選走。

三十多歲時，我被逼著將愛人的欲望，化被動為主動地去挑選合適的對象，把婚配的條件列為清單，期待遇到一位相處得來能共度下半輩子的伴侶。我是一個獵人，認真地尋找愛情的獵物。

現在，我認為愛與被愛，都是從心底油然而生的欲望，你初遇的欣賞對象，事實上愛的不是對方，而是自己，我們把對愛的渴望投射在對方身上，也期盼對方能感應自己悸動的脈搏，回應你炙熱的眼神。**既然，愛的出發點是自己，那麼就不該委曲**

求全為了愛人去傷害自己。

愛一個人，應該是美好的事情

常有朋友會問我：「四十歲的你，不會想談戀愛嗎？」我說：「任誰都不會拒絕美好在生命中發生，只是你不再強求必須要有結果。」

對我來說，喜歡一個人，就等於喜歡自己，喜歡很多人，就等於喜歡很多不同的自己。同理來說，為什麼不能喜歡很多人呢？相信男女之間不只存在著培養愛情，更多的是對彼此真誠的情意。

談戀愛之前，可以嘗試跟不同欣賞類型的人約會，約會不等於交往，而是先想像將自己的個性和對方的融合。或許對象的外表是我欣賞的，但談吐之後發現這輩子你都不想再跟他多說一句話，經歷過幾次內心反覆的觀察，調整兩人之間的相處，再決定是否要確定心意進行下一步。

台灣 嘉義

不要害怕會遇到渣男婊女，不要害怕感情會受到傷害，談一段感情就像出發去一個國家旅行，遇到不好的當經驗，遇到美好的當回憶，最終能陪我走完全程的，還是我自己。

愛情，慢慢來，不要擔心嫁不出去

曾經我也很迷惘，一個人過生活真的好嗎？到老該怎麼辦？是不是要去將就一段不是很喜歡的感情，只是為了找一個人做伴。後來我發現，多年在外流浪生活的我，早已經無法束縛在某一段關係中，在別人的眼光裡。

因為一直單身，所以有人以為我是獨身主義，事實上我沒有拒絕任何愛情的發生，只是在這之前，無法容許自己再因為愛情失去自我。

二十多歲渴望把生命都給了愛情，三十歲渴望在愛情中找到安定。四十歲，我很好，我很安定，我也會談戀愛，我也會搞曖昧，我有很多生活知己；有人陪我看電影，有人陪我喝下午茶，我更享受一個人獨處的時光。

不會拒絕告白，也不會害怕失敗

以前會很害怕告白失敗，也怕愛情走不到天長地久，隨著歲月明白這個世界上沒有三千若水我只取一瓢的愛情，只有那個當下，感覺對了，相處過後，能忍讓彼此，能愛護彼此而已。

獨自生活很好，即使交往之後，也不需非要用一張紙證明彼此的價值。以前覺得選擇不婚是孤單異類，但後來明白，愛過很多人，才會發現最愛是自己，最可怕是失去愛人的能力。

2 不婚，也不會干擾到任何人

不是每個人都適合婚姻、適合戀愛、適合兩個人在一起一輩子。

相愛不見得要結婚，結婚也不見得能解脫

朋友A跟男友從大學就是校對，畢業後兩人同居租屋多年，最近兩個人共同買了房子，我問她：「沒有想結婚嗎？」她笑說：「不結婚比較好。」

仔細一問才知道雙方的家庭背景都有點複雜難解，兩人相愛只需要顧好眼前，一旦簽字畫押之後就得面對不同挑戰。A說男方是傳統大家庭，初一十五燒香拜拜，自己家是單親家庭，爸爸酗酒欠債，母親則是精神控制狂，她不想讓男友承受自家背景的壓力。

阿爾巴尼亞 薩蘭達

突然理解這年頭大多數人選擇不婚的原因，不見得是要逃避什麼，而是有些狀況在婚姻中不可避免，少了身分證上的欄位，雙方也能愛得簡單些。

不婚，不同居，只一輩子談戀愛可以嗎？

朋友B也表示自己不想結婚，不是因為彼此家庭背景有問題，而是無法容忍與男友共處一室超過兩天，她有嚴重的居家潔癖，只要馬桶上有一點污漬她就會感到精神崩潰，並陷入低潮，所以她說：「我連同居都無法，更何況結婚。」

我問她說：「難道你男友也不想結婚或同居嗎？」她笑說：「他巴不得維持現狀，讓我不要干擾他打電動，看棒球跟追劇。」兩人下班會打電話聊天，假日出來約會，偶爾安排小旅行。她認為維持戀人關係比婚姻關係容易許多，省去逢年過節彼此的家庭禮數，更不需要時時刻刻綁在一起，倘若再多一步，下場就是分手而已。

這一點讓我大開眼界，一直以為相愛就必須相處，相處就必須磨合跟退讓，結果她選擇劃清界線，愛情跟生活可以分開，原來戀人在感情中有交集就好，不見得非得要在生活中。

婚姻，的確是很多人憂鬱的來源

結婚，真的好嗎？我一直在想這個問題，尤其在離婚率創新高的現代，許多夫妻被婚姻關係綁架到生活憂鬱。韓國電影《82年生的金智英》講述女子嫁人後造成各種心理創傷，尤其一幕女主角去咖啡廳買飲料時被路人笑稱「媽蟲」，崩潰的大哭失聲，讓人感觸良多。多少女子為了婚姻放棄工作、嚮往的生活以及過去的理想，那為何非要讓她們走上「婚姻」這條路才叫正確呢？

能認清自己對婚姻的底線，我認為不結婚、不同居、不一起生活，一個月見幾次面，保持著戀人關係也沒有什麼不好。

不戀愛，也並非不嚮往愛情，而是認清自己想要的

朋友也問我：「這幾年為什麼不找個對象談戀愛？」我笑說：「過了沒有戀愛就會死的年紀，這些年一個人過得很好，倘若選擇兩個人，就要學著彼此退讓生活的堅持，你跟男友互相磨合多年，才找到平衡的位置，我沒有信心花時間磨合在一個沒有心動的對象身上。」

過去，曾認為母胎單身或是不婚族一定有段難以啟齒的關卡，不然為什麼不想找一個人談戀愛，攜手走下半生呢？後來才發現，臆測別人感情的選擇真的很糟糕，或許他或她只是單純沒有遇到心動或想戀愛的對象而已。

戀愛，喜歡是先決條件，合適是必要條件，能不能走下去，包容跟諒解是相對條件，以上都不能者，也就別耽誤彼此的人生；即使都可以者，走入婚姻也不是必要的路途。每個人都有自己適合的戀愛方式，婚姻，不見得適合每個人。

3

嚮往婚姻的人，不見得嚮往柴米油鹽

想結婚的，不想結婚的，日子都是自己的。

二十幾歲的我，巴不得明天就嫁人；三十歲的我，害怕趕不上婚禮末班車；四十歲的我，覺得不結婚也很好，只要把日子過好，比起一個伴、一張紙，來得重要許多。

嘗試同居，才發現結婚沒有想得那麼容易

A是我身邊從小就嚮往結婚的朋友，談過許多次戀愛，也期待能找到一個在婚姻中接住她的人，於是在朋友牽線認識B男後，立馬嘗試同居試愛，沒想到個性相異的兩人最終也面臨走不下去的結局。

她細數自己與對方家人相處的過程，對方是傳統閩南家庭，自己是客家二代，最常

就是一家人在吃完飯後看八點檔連續劇，她質疑男友為何不能有彼此的私人空間？吃完飯後就各自生活。男方則希望女方可以快點嫁入他家，當個聽話乖巧的媳婦，媽媽做的許多都只是為小倆口好。

男方不久便求婚，A當下卻遲疑說不願意，同居試婚下明白婚姻不是兩個人的幸福戀愛，更多是兩個家庭彼此相處磨合，有時候簡單的抱怨就會如雪球般滾大，造成無以挽回的嫌隙，她沒有勇氣更進一步，於是提出了分手。

婚姻不是未來的保護傘，兩個人撐一把傘原本就不簡單

我說：「女人對於婚姻的嚮往，來自追求安穩的未來。」

如果有人能隨時陪伴說話，能為自己遮風擋雨，當然好過一個人在雷雨下撐傘。一個人容易淋成落湯雞，淚溼的眼眶也只能自己拿紙巾擦拭，但婚姻除了彼此肉體的溫存外，更需要忍受彼此個性的歧見。

亞洲的婚姻，不只是兩情相悅看對眼，更是兩家人敲鑼打鼓的家務事，再加上新生命的誕生養育，看得越多，想的越遠，時間越長，就越難對婚姻下訂離手。我抱著A說：「不哭，你不可以預期戀愛不能失敗、婚姻一定會幸福，但多好多壞，你都用力的去嘗試過了。」

想結婚的，不想結婚的，日子都是自己的

我談過幾次戀愛，對婚姻抱過念想，家人也期待大齡女兒還有機會找到好歸宿，只是把日子過得越好，越覺得婚姻不在理想的生活清單中。想到要跟一個人綁在一輩子生活，若對方是個渣男，那豈不是糟蹋一生。

四十歲後，已經沒有像年輕時嚮往婚姻，也看穿旁人期待的遊戲規則不外乎是結婚後買車、買房、生子。來去思考了家庭、世代的落差，以及婚姻與愛情的芥蒂，才明白有些事情，當你認真就輸了；有些事情，當你不在意，就真的可以不在意。

婚姻，不是每個人的終點，也不是我最好的歸宿

在偶爾某些婚宴場合，還是有長輩來拿著酒對我說教，要我趕快找對象結婚。過去我大概會氣到七竅生煙，認為這群長輩太不識相，管我結不結婚，還跑去在我爸媽前嘲弄，到底人「不結婚」招誰惹誰？

現在大概就是淺淺笑過，畢竟有些人一輩子都不懂單身時光的美好，何必跟卡到婚姻關的人計較。道不同，不相為謀，所謂單身，就是要好好享受當下的每一刻時光！也要相信總有一天會有個人，不小心路過身旁，你覺得他很好，他覺得你很棒，彼此喜歡在一起的感覺，而不是在乎彼此的條件。

大齡單身，就當送給自己的一個禮物，因為獨身的自由著實真誠可貴！

日本 東京

4 戀愛可以是一種交易嗎？

戀愛求包養這種行為，基本上就是不對等，也真實的存在。

找個花錢在你身上的人，不是錢多到不讓你花的人

A有天跟我分享，某論壇的男女交往版上，百分之八十女生的結婚條件都是要穩定工作，我嗤之以鼻說：「不會花錢在對方身上的人，有再穩定的工作跟高收入也沒用。」但也明白，年輕時真的會希望透過戀愛或婚姻，少辛苦好幾年。

想起剛畢業工作的我很窮，一個月薪水不到三萬，每日都爆新鮮的肝，幾年下來怨嘆職場菜鳥為何活得這麼苦？很羨慕同年紀辦公室小妹嫁給一個比她大十歲的丈夫，上下班有名車接送，手上拎的是老公買的名牌包，假日在IG上打卡的是老公請的高檔餐廳，過年時老公帶她去馬爾地夫度假，我心想：「嫁對老公就直接晉升

人生勝利組，完全不用像我日日消耗大量腦細胞在工作生活上。」

直到有天辦公室聚會，小妹私下分享婚姻裡不為人知的辛酸。她在夫家受到歧視，及雙方年齡差帶來格格不入的生活習慣，不僅事事都要配合對方，還包括各種活動行程……。我才明白原來「富太太」也不是我們想像中的這麼容易。

之後同事問我：「如果有個富有的六十多歲老先生，拿著兩百萬要娶你，並承諾養你一輩子，你願意嗎？」我努力思考一晚後還是決定不要，畢竟不是自己親手賺的錢，花起來還是會覺得心虛。多年後我翻開戶頭的存款，早已超過兩百萬，但如果一開始就把感情當買賣，所失去的會比想像得還多。

包養真的很爽嗎？但是，人的青春只有一次

這讓我想到多年前在國外打工度假時，耳聞有用身體換住宿的女性旅行者，靠著不同的乾爹們免費蹭吃蹭住，有用不完的零用錢，代價是偶爾陪伴在乾爹身邊解放欲望。

起初覺得噁心，認為性行為交易根本是道德淪喪，但這群女孩覺得這只是自己的選擇沒有礙到其他人，一個願打、一個願挨，我才明白，自古以來「戀愛求包養」一直存在，不管你感到舒不舒服，它都存在，不能用既定的價值觀去批判誰，當然你可以選擇不去做。

就像之前有新聞報導在某個車站門口，有某個年輕女孩舉立牌求大叔包養，引起各方爭議，認為女孩價值觀偏差。我倒認為既然愛情不在對等的天平上，買賣關係可能隨時停止，彼此不帶任何感情。但你若能為自己創造價值，不需要把感情放置在不對等上，得失心自然不會如此重。

相親的過程，偶爾也像極了物品交易

B年近四十歲，最近繳交某個婚友社的會費，希望在三個月內積極找到合宜的對象結婚生子，她說自己開出的條件很簡單：人品端正，擁有經濟基礎，沒有不良嗜好，最好職業是公務員或是工程師，不接受二婚以及有子女，最好有車有房能有穩定收入。

紐西蘭 但尼丁

結果安排的相親過程讓她屢屢覺得人格受辱。第一次見面時，能感受對方的誠意與企圖，當兩邊開始講起婚配條件時，就很像菜市場對喊價格，一言不合就直接散桌，大半連朋友都做不成，像極了買賣，付出的卻可能是彼此一生。

這也是為什麼我相親過一兩次就不想繼續的原因，所謂婚配條件，大半人認為是建立在經濟基礎上，但我希望攜手的人是要建立在生活共識上。工作穩定只是一時表象，重要是兩人相處後，彼此荷包有沒有底、生活有沒有想法，通常對別人大方的人，也不會對喜歡的人小氣，就怕你找到一毛不拔的鐵公雞，即使對方有金山銀山，那也都不是自己能動的山。

當戀愛跟婚姻變成一種交易時，或許就注定最終也只能用價格衡量自己是不是贏家或輸家了。

5 當個有錢的單身貴族吧！

單身，永遠不敗的開始，口袋有錢，什麼都好辦事。

單身的恐慌，人人都會有

日前看一部中國連續劇《下一站是幸福》，劇情是一位三十二歲母胎單身在設計公司當小主管的女性，愛上小十歲、剛從大學畢業的高顏值實習生，同時又被多金、脾氣古怪的總裁糾纏的故事。到底這位主管該選擇自己喜歡卻條件不般配的年輕男孩？還是大家都認為適合婚配但無法心動的中年男子呢？

這讓我想到剛準備踏進三十歲時，面對這個歲月坎特別莫名恐慌，擔心自己會不會一輩子嫁不出去？內心叨叨念念提醒自己找對象要積極點，不然可能要跌入永恆的單身坑，成為人們口中的萬年單身老姑婆。

不過，感情越是告急，生活就越不順，東挑西揀之後就會反問自己：「是不是因為很糟糕，才會到現在都沒人要？」的確，戀愛會讓人迷惘，瞎了眼睛，但不戀愛會讓自信重摔。尤其看著父母殷盼的眼神、長輩無時不催促的聲音，就覺得身為子女為何還要讓上一輩如此擔憂煩惱。

單身的下一站，永遠是幸福

過了三十五歲後，發現自己逐漸會跟恐慌和解，明白很多事強求不來，畢竟強摘的瓜不甜，將就的婚姻不幸，慢慢去學著把長輩的話直接當作耳邊風，在婚姻以外找人生追逐的目標，當你不去羨慕別人，生活就少了忌妒的哀傷。

A去面試時，面試官問她一個問題：「你結婚了嗎？」她搖搖頭，本以為單身會扣分，沒想到面試官說：「沒結婚好，單身比較自由。」我想到某次參加表姊的婚禮，小阿姨突然過來跟我語重心長說：「不要隨便把自己就嫁掉，婚姻不是嘗試過就可以玩的扮家家酒，單身，你想做什麼就可以去做，多好！」

德國 科隆

的確，自己過得好不好，心底最明瞭，與其擔心嫁不出去，不如把眼前日子過得精采，我認為「單身，是永遠不敗的開始。」因為是零，所以多一步都算是一，不要因為孤獨就隨便找人湊合，學著享受獨處的時光。相信當自己對生活有見解，對居家有品味，把自己變得優秀，最終就算遇不到更好的人，我都會擁有更好的自己。

單身的支撐點，口袋有錢

那單身貴族什麼最重要？我認為「貴」最重要。生活要有品質，眼界就要有廣度，想法就要有深度，口袋就要長度，倘若每日醒來就為了三餐而苦惱，為了下一個居所而煩惱，長期困頓絕對會讓人喪失鬥志，就會想加入「乾爹，我不想努力！」團，逮到機會就想找個長期飯票把自己賣了，所以擁有經濟能力絕對是單身者能否把生活過好的基本要素。

不過口袋有錢還不夠，要懂得花錢才更為精實，當一個守財奴並無法幫自己的人生閱歷開疆闢土，必須學著把錢花在刀口上、心尖上。這一點我認為「旅行」是人生最好的投資，把閱歷變豐富，把視野變寬廣，把日子變精采。本就決定四十歲前要走遍天涯海角，沒想到在三十八歲前真的讓我走遍世界七大洲，比起選擇婚姻，我更愛這個決定。

原本以為離職去旅行會招來一堆罵名，沒想到還蠻多人羨慕像我這樣自由的生活，畢竟生活原本就不容易，更何況婚姻呢？能有更好的自己，何樂而不為？

單身的終點，不會是婚姻而已

我認為非要找一個對的人才罷休，最終尋尋覓覓，連自己都遺失在尋找中。選擇認真精采過好日子，將來的好日子才會來找你，而不是那個人。

婚姻不是終點，也絕非墳墓，而是一段生命歷程，就算沒有它也不會斷手斷腳。單身，也只是尋找愛情的旅途，不是一個終點，更不是句點！

6

單身不是你的問題，活得乏味才是

脫單很重要嗎？一個人都過不好，怎麼能嚮往兩個人的幸福。

愛情裡的委屈，讓我學會一個人好好過

我在少女時代的戀愛觀，是認為愛情該沒有底線的付出，既然選擇去愛，就不要瞻前顧後。只是沒預料到當兩人間沒有愛情，又要維持表象生活，相愛就變成了相怨，最後變成相恨，無法處理彼此的情緒，只能糟蹋自己。

當有人問我該不該分手時，我都會說：「如果你覺得疲憊，就分手吧！好過感情中兩個人互相繼續折磨。」或許會傷心一陣子，好過兩個人彼此折磨到連呼吸都會痛苦。

如今四十歲單身生活適應得這麼好，我想或許是源自年輕時談的那一場戀愛，那時只想挽回對方，常常夜半眼淚流到枯竭，就快沒有了自己。如今回憶起來就像做惡夢，就像陷入無限迴圈的黑洞，生活陷入停滯，不覺得自己有能力去愛下一個人。

失戀後重拾生活，特別感到孤單跟寂寞

曾經失戀期一年，為了排解憂鬱把生活跟工作搞得兵荒馬亂，做起事來特別「水逆」，每嘗試新的生活，馬上迎來新的挫折，無論職場或在家中都順心不起來。獨自旅行，也是其中的嘗試，時常在拜訪客戶結束的下午，決定不趕回公司，在鄉間僻壤的鄉下找風景。在三十歲的生日之際，在網路論壇找三個陌生人一起去曼谷旅遊，身邊的人都說我很勇敢，實際上我比任何人都害怕跟膽小，後來決定辭職到國外打工度假，大概是人生中做過最大的叛逆，只是我真的不想再留在原地胡思亂想，整天把自己弄得很忙卻是瞎忙一場。

生活，找到自己喜歡的目標很重要

到國外重新生活，每踏出一步，每遇見一個人，每天就像起了化學作用般，期待眼睛睜開後的明天會有什麼新變化。同時我開始學起廚藝，重新寫生活日記，將途中旅人訴說的故事連載在網路上：四十歲未婚的A環遊世界，同樣可以把工作跟生活過的精采、六十多歲的B在旅途談了無數戀愛，從不想定下來、二十多歲的C在旅途中找到真愛，決定跟另一半勇闖天涯⋯⋯。

是的，一直以來我都想太多，活在自我世界漩渦中，大齡單身能做的不只是為了尋覓對象，可以獨自旅行，可以與陌生人在酒館喝酒聊天，盡情參加各種活動聚會。我告訴自己，沒有碰到真正很喜歡的人，別把自己放在那個位置，最後落得什麼都不是，盡量去做自己想做的事，不是只把未來鎖在婚配的約束中。

爾後歸來我將旅途日記集結出書，最後遞出辭職，決定把三十五歲後的人生還給自己，才明白不是單身太無聊，是過去我把日子過得太乏味，是旅行讓我找回快樂的自己，教曉我不為別人活，才能過得無憂無慮。

單身不是你的問題，活得乏味才是

以前總有人問我：「怎麼不找個人一起生活？」我都會回答：「緣分未到。」後來剖析戀愛跟緣分根本無關，戀人關係通常建立在寂寞上，當生活充滿樂趣，人不缺錢，也不缺朋友，適應了孤獨，也習慣了一個人，到底為什麼非得找一個人來生活折騰呢？

沒選擇結婚生子，也不代表單身的時間多，清單上永遠有做不完的代辦事項，大部分空閒的時間是真的很任性做自己，例如追連續劇跟吃零食，偶爾會奮發向上閱讀一些書籍，並沒有孤單會到想自殺，更沒有憂鬱的傾向。

不要想著：「阿！等我退休後再來做夢。」其實根本也不會去做。

不要想著：「單身一輩子很可憐，而且很無聊。」生活多采多姿跟感情本來就不是同一掛。

不要想著：「沒結婚會不會不完整。」你自己想的才比較重要。

相信，如果你的夢想清單有一萬件，解決單身也只會是其中一件，日子不乏味，生活才有趣味，有趣味的人生，或許更能吸引趣味相投的另外一半。

德國 國王湖

7

對的人，不重要，面對感情能誠實就好

面對愛情不要著急，誠實面對自己就好。

在茫茫人海尋找對的人，比找一根針還要難

二十幾歲，喜歡聽戴愛玲的〈對的人〉，也重覆撥放陳嘉唯的〈我等的人會是誰〉，彷彿愛情用等待就會出現，對方也會用盡一生來守護你，就像歌詞裡面說的：「他不必是個 Mr. Perfect，只要他善良體貼。」

的確，二十出頭的我是個天真少女，喜歡上一個人時，整顆心就陷入在自己安排的劇本裡，只是每次受了傷跌了倒，或表錯了情，才發現找到那個「對的人」如此艱難。

三十歲後，喜歡聽黃小琥的〈沒那麼簡單〉，不再期待劇本式戀愛，尤其經歷過一段挫折的感情，失望伴隨冷戰後，明白當把理想生活的期待建構在另外一個人身上，註定就是失敗。

熟齡的愛情，最怕卡著什麼都做不了

過了某個年紀也會想談戀愛，只是面對交往顯得謹慎遲疑。朋友A年過四十歲，喜歡上小她五歲的男生，兩人互動比朋友再多上一點，下班會去逛購物中心，也會在假日一起去戶外爬山，女方見過男方家長，就這樣維持了四年友達以上的好朋友關係。

旁邊吃瓜的群眾莫不為A著急，畢竟女人青春有限，要A趕緊跟男生告白。A則苦笑說，自己何嘗不期待兩人關係開花結果，但害怕告白後會烙上一廂情願的尷尬。愛情有保存期限，友情則沒有，她知道男孩的理想型不是她，也不想改變他，如果男孩遇到更好的對象，她會祝福他。

的確，大齡單身者，仍期待愛情再度降臨，卻也害怕再一次受盡感情的折磨，變得現實，變得多慮，變得不想將就，也不想再為了愛情失去原本的自己。

需要的不是一段長久的關係，而是戀愛的感覺

我抱住A說：「大人的愛情，不需要接受全部的對方，至少要學會坦承。」至於要不要告白的選擇在於你，身邊的人急不得，畢竟熟齡有著揮之不去的恐懼，害怕被拒絕後，或許連朋友都做不成，如果相愛，發現對方並不如自己想的，夢會碎、情會滅，是不是連最後一絲友情都會消失殆盡。

愛情，本來就難以永恆，都是相處磨合過後才會知道結果，沒有天生就適合，只有天生不適合，除非你願意為他改變，不然誰都不能改變你。不適合就分手，沒有必要為了承諾把人生都賠進去。

過了某個年紀，就該去學著經營一段關係，但不要期待是一段長久的關係，學著在

捷克 克魯姆洛夫

兩人關係裡面成長，不要為了結果費盡心思，不適合，就分手。大人的愛情，最終都要學會瀟灑的離去，就算哭泣，也只要哭過一回就好，因為心底明白，不適合的人再怎麼都不需要去將就接續的人生。

有沒有對的人，並沒有這麼重要

青春隨著時間慢慢變老，執著的情感也會隨著歲月變得沒那麼重要。以前總為誰愛誰多、誰愛誰少，誰又為誰神傷、又為誰哭感到沮喪活不了，卻也把大半人生最真實的情感消耗。

經歷了過去那些被情緒牽著鼻子走的日子心神操勞，活著還有更多美好的事物需要我們努力往前跑，面對愛情不要著急，面對自己誠實就好。

不要擔心會寂寞，走著走著或許就出現一個人跟著你一起走。學著一起為喜歡走的路認真走，總比好似活在兩人世界，卻只剩一顆心孤單寂寞來得幸福。

8

失戀也只是人生的一道風景

如果找不到兩個人好好過，一個人也該好好活

倘若要比較失戀跟失業哪個痛苦？我覺得失戀痛一些。曾經我交往的第一個男朋友，頭一年真的是愛到死去活來，下班後只想跟男友膩在一起，最好都不要分離。不過相處久了，感情摩擦漸漸升溫的是恨不是愛，新仇舊恨累積失望的眼淚，彷彿能裝下一池湖水，即使痛苦知道彼此不合適，前前後後分手數回合，卻也不想輕易放手。

分手後一年，是我人生度過最悲慘的日子，內心充滿委屈，那些失去青春、歲月，還有純真的愛意，再也要不回。身邊卻沒有人能傾聽我的悲傷，他們會說：「再找一個就好啦！」「你不必為了失戀連飯都不吃！」

後來才明白，不是友情無法支援，是我走不出去。後來靠書寫梳理情緒，靠旅行看

見不同角度，慢慢從失戀的患者，變成安慰別人失戀的醫生，才發現失戀有百百款，分手後脆弱的模樣，才是每個人真正勇敢成長的開始。

為了一個怦然心動，就要分手交往十年的男友嗎？

A問我：「有個交往十年的男友，兩人逐步從戀人發展到室友關係，從吵鬧不休昇華到習慣對方存在，常常一起吃飯，卻不講話，睡在一張床上，卻沒有交集，比起戀人，更像分擔房租跟水電的室友。因為工作關係遇見幽默風趣的男子，產生了心跳加速的情愫，礙於自己還有另外一半，只好在分寸中精神出軌，內心感到非常難過，該分手嗎？」

智利 百內國家公園

我說：「出了軌道，就回不到當初想去的目的地。」我不是A，也不認識A，她會跟我說，大概也是真的找不到人傾訴吧！聽完她的故事後，我給了一個結語：「感情不能只看自己，對方也同樣為你付出了十年的感情。」

每個人心底都有了答案，只是不願意去翻開底牌，而我也只能站在客觀的角度去提供建議。

粉絲說，發現老公外遇，我該離婚嗎？

B的老公長期在中國工作，一年回來三到四次，一家大小的重擔都放在她身上，包括照顧婆婆、小孩，是全職的家庭主婦。直到有天在通訊軟體發現老公外遇的事實，她隱忍了一個多月終於爆發，不懂這幾年辛苦把持這個家是為了什麼，有種活在世上分分秒秒被羞辱的痛。

她告訴我，孩子年紀還小，需要上學，婆婆長期需要去醫院看診，需要人陪，跟外遇老公攤牌之後，老公拜託她說：「你就當沒看見不行嗎？最後我還是會回到你身邊，賺的錢還是給你。」她認為老公一直都很自私，從來就沒有為她真正著想，嫁給他之後就像是男方的附屬品，她不想之後還要再活得如此憋屈，問我該怎麼辦。

聽完她的故事，我跟她分享一篇網路文章叫做〈一輩子太長〉，敘述著女孩嫁給了一個男人數十年，終於有一天決定離婚，她告訴長大的孩子說：「一輩子太長！」孩子還不太懂什麼是一輩子，只知道爸爸跟媽媽就要分開。直到有一天，媽媽改嫁了，遇到了一個疼惜媽媽的男人，懂得媽媽的興趣跟喜好，在床邊照顧媽媽到離世，才明白母親那時候講的這句話是什麼意思。

B回我說：「若要跟著這男人一輩子，我寧可現在就死去。」沒多久，B辦了離婚手續，把孩子帶走，一個人開始找工作生活。剛開始很辛苦，充滿各種挫折，但她至少不用活在被背叛的陰影與漩渦中，也謝謝我這陣子的陪伴。

我想，陪伴失戀的人不需要太用力，理解跟傾聽就夠了，想想一個女人的青春年華有幾年，又有多少個十年能耗在一段不對的愛情裡面呢？如果找不到兩個人好好過，一個人也該好好活。

人可以認清自己，更可以從錯誤中改變自己

在戀愛中人人都是瞎子，都想遇到對的人，也以為眼前是對的人，只是每次受委屈時，就覺得對的人似乎不是「對」的人，卻沒有勇氣放下這個錯的人。

當了多年的分手心靈導師，我也告訴自己，不要輕易愛上一個不是很喜歡的人，感覺很重要，但相處合得來更重要。不要任意放棄你喜歡的生活，放棄會一步步吞噬靈魂，直到你什麼都做不了。愛了我就會認真去愛，放手後就別想讓我回頭，人可以沒有愛情，但不能沒有自己。

9

沒有合適的人，我不結婚

想結婚的就去結婚，想單身就維持單身，反正到最後你們都會後悔。

「你媽難道都不會逼你結婚嗎？」老是有人問我諸如此類的問題，很想直接回：「你媽叫你去跳樓，難道你也會去跳嗎？」

事實上，逼未婚兒女成家是大部分亞洲子女揮之不去的夢魘，眾多長輩認為不傳宗接代，就是大逆不道。俗語有說「不孝有三，無後為大」，但如今都已經二十一世紀，還把生兒育女觀念加諸在下一代身上，甚至聽過更狠的說法，人類之所以即將滅亡，就是因為你們這群人自私不生，比扯鈴還扯。後來面對各方質疑，我只回一句：「沒有合適的人，我不結婚。」

如何應付老是逼婚的父母呢？

自在單身好幾年的我，同時也常會被讀者問「如何應付老是逼婚的父母呢？」其中有位三十一歲抱持不婚的單身A男，他不想後半生為了家庭犧牲奉獻，認為有份體面的薪水能養活自己，同時供奉父母頤養天年就很好。

但最近他的父母聊天話題總是圍繞在婚姻上，就連周圍的親戚也不停幫他介紹對象，讓他備感壓力，實在不能理解為什麼父母對自己的將來只剩一個選項，彷彿不結婚就是不孝順，問我該怎麼辦？

我說：「時間會給父母一個解答，也會給自己一個答案，沒有壓力測試，怎麼能知道自己的抗壓性？你必須熬過他們的期望，明確的給出一個失望，某天他們認清了現實，就再也不會逼你。」一面對婚姻，不是買糖果吃，家人之間不需要每件事都回應，你若不堅定，那麼最終一輩子都只能被人擺佈而已。

曾經我嚮往過婚姻，如今不再效忠婚姻這條路

曾經我也是嚮往婚姻，期待一見鍾情、一生鍾意，但分手後，我過上一陣很失魂落魄的日子，反觀所有表姊妹皆都嫁做人婦，她們很為我擔心，有空就介紹對象給我，我深刻感受到每個人殷切的眼神，我卻把此刻的自己活成了異類，不婚，錯了嗎？所以我只好跑到國外避風頭一年。

原以為事過境遷，沒想到仍然無法逃離身邊人催婚的魔咒，老是被問「在國外有沒有豔遇？」或著「怎麼沒帶個男朋友回來見父母？」心想此時是沒話題可以聊了嗎？一開始我尊重所有人，微笑、尷尬，點頭說會努力，後來碰到一些拿著雞毛當令牌的長輩就直接嗆：「我的婚姻大事不勞你費心！現在沒有，以後也不會有。」

婚姻，並非人生休止符，沒有合適的人，我不結婚

過了三十五，波濤洶湧的催婚曲突然變得安靜，爸爸不提、母親不說，聽見了太多

街坊鄰居離婚不倫的結局，與其鬧到法院，鬧到整個家都雞犬不寧，何必為了兩個字，把悲劇延續。當他們看盡下一代的婚姻活著如此不幸，深刻明白今非昔比，下一代的婚姻不像他們一樣簽完字就要相忍一輩子，一旦遇到自私的另一半，可能過得比單身還不幸。

以前，大齡單身是新時代女性，後來發現，越來越多人跟我一樣，選擇過好當下的日子，並非不想要「婚姻」，而是選擇「單身好好過生活的勇氣」。畢竟，兩個人在一起，紅毯的另外一頭，才是人生的考驗開始，許多走過婚姻的朋友也羨慕我，一個人自由自在無牽掛多好，我說，曾經我也羨慕你，現在我們都不要羨慕彼此，就把自己的選擇，好好承擔下去。

蕭伯納曾說過，「想結婚的就去結婚，想單身就維持單身，反正到最後你們都會後悔」。有人解讀不管是單身還是結婚都是絕境，但我有另外一種想法，認為人生世上所有選擇都是其來有自，沒有永遠的幸福美滿，也沒有永遠的孤苦寂寞，與其去爭取哪一個選擇好，不如就隨著心去經歷當下。

不要隨便給父母明天就要抱孫的希望，就不會給自己太大的壓力，你的人生還是要自己過完一生，不是為了結婚。

日本 神户

10 單身跟已婚，我們都不要羨慕彼此，好嗎？

過了四十歲之後，更要好好經營單身，
畢竟哪天就可能會脫離單身，別脫離了單身，才來想念單身。

別脫離了單身，才來想念單身

大學同窗有好幾位閨蜜，上課一起做報告，下課狂衝KTV，期許畢業後都能在職場中發光發熱，還能遇見攜手終生的伴侶，建立屬於自個的家庭，彷彿紅毯是人生最後的目標，只是選擇單身跟婚姻的人到底差在哪裡？

四十歲單身的我，名字還是雪兒，四十歲有兩個孩子的她，代號是某某的媽媽，我的臉書塗鴉牆都是國外旅遊照片，她的塗鴉牆滿滿都是孩子的成長日記，我的衣櫃仍然會買一堆新衣服，她的衣櫃都是小孩的衣服，我的房間堆滿了書跟一堆化妝品，她的房間是尿布跟孩子的玩具。

出來吃飯時，她說：「好羨慕你，擁有大把時間去做自己想要的事情。」我說：「也羨慕你有一個美滿的家庭，還有兩個可愛的孩子。」

單身，面對長夜的孤寂，已婚，是無止盡的手忙腳亂

過去單身時的我們只會聊工作辛酸，現在聊著人妻、人母彼此不同的煩惱跟憂愁，原來婚姻關係在某一個時間點都會陷入膠著，找不回愛情，流失青春，還有喪失自己。

不同的人生選擇，肩膀自然承受不同的壓力，過去單身的我們只需要顧好自己，但當你成家後，肩膀上是孩子、是另外一半，不再可以隨手關門瀟灑去喝杯酒半夜回家，不再可以打扮妖嬌美麗去旅行拍照裝網美，肚子除了裝滿瘦不下來的脂肪外，還有對生活滿腹的委屈跟辛酸。

經營單身，經營婚姻各自有難處，也有確幸

面對已婚族，單身彷彿來自另外一個星球，他們常被哭鬧的孩子攻擊到體無完膚，而我一個人飽全家飽，重點還可以常常睡飽，突然有種幸福。

或許是站在彼岸，看的東西似乎也清楚許多，婚姻關係，遠比一張紙來得複雜，孩子跟公婆，不是一時半刻說得清，人總是會站在自己的角度看委屈，或許也就是這樣最後有理都說不清，經營婚姻，遠比談一段愛情困難，少了刻骨銘心，剩下柴米油鹽，還可能沒了自己。

曾經我也羨慕跳入婚姻的她跟他，總覺得那才是人生最終的歸宿，後來經歷太多段的旅程，才明白把未來綁在別人的期望下，那才是悲劇。

印尼 布羅莫火山

選擇沒有對錯，就只有概括承受

後來我也笑納身旁人妻羨慕的眼神，明白婚姻不是每個女人必須的選擇，我無法教人怎麼經營婚姻，但單身還是有一點法門，也給出了一點建議：

一，經營單身，必須學著面對旁人異樣的眼光

經營婚姻，真的沒有想像中容易，而經營單身生活也並不輕鬆，畢竟整個社會氛圍對於單身還是不友善居多，你要習慣不同族群的耳語，左邊進、右邊出，不需要發怒，更不需要回應。

二、經營單身，必須懂得靈活運用可用的財務

經營婚姻就等於是餵一口子吃飯，什麼都要精打細算，而經營單身也需要理財，畢竟養活你一輩子的人是自己，開始打著算盤，算著戶頭裡的錢，甚至開始想著退休後要搬到世界哪個角落生活。既然不需要花錢在談戀愛、結婚紀念日、買房子、養孩子等等，那就好好對待自己的興趣、理想跟生活，當一個會花錢的單身，比守財奴單身重要許多。

三，經營單身，安排更多屬於自己空間的生活

婚姻在有孩子之後，兩個人的生活就等於被親子綁住，單身的好處就是你時間多到不像話，只不過年紀越大，越明白喜歡跟討厭什麼，過去會為了職場去學專業科目或電腦，現在學有興趣的人事物，畫畫、攝影、游泳、語言，相信人必須保持在學習的路上，才不會老去。

四，經營單身，就好好的活在當下

既然老天爺沒給一段婚姻，或讓你糾結在愛情的漩渦，單身，也是一種額外的時間禮物，去旅行交更多的朋友，去閱讀得到更多知識，去學習煮一頓自己想吃的飯，去陪伴你重視的人。

可以談一段小小的戀愛，隨時找人喝咖啡聊天，可以看韓劇到天亮，可以做任何你想要的，連孤單都可以享受到極致。

我想，過了四十歲之後，更要好好經營單身，畢竟哪天就可能會脫離單身，別脫離了單身，才來想念單身。

PART 5

職場中的事，再差，下班後就關掉距離

1 辭職不能解決生存問題，但能解決自己的問題

如果連離職都不能自己掌握，到底你還能掌握什麼？

踏出舒適圈的難，是因為害怕冒險

某次開講座分享主題「離職去旅行」，離場前觀眾建議我說：「你若再多分享離職前半年的心境，會更好點。」當下很狐疑為什麼，隨之才理解離職最痛苦的不是決定，而是萌生離職後對未來的不確定。

社會是個大染缸，現實是把磨刀石，能把充滿青春熱血的職場菜鳥折磨到靈魂半殘，常自我懷疑到底哪裡做不好、不夠多？為何某人都可以升官加薪，自己仍卡在中間管理階層，整日被老闆罵、客戶嫌、同事捅妻子？不想再繼續，但怕沒收入的日子更苦悶。

職場待得越久，越怕離職，怕離開了熟悉的環境，迎面而來是更糟的環境。比上不足，比下有餘，剛開始我會告訴自己三年後就要去新的環境挑戰，但三年之後又三年，怕一輩子就這樣過下去。

人人都在職場地獄裡翻滾，憑什麼你可以離開

離職去打工度假前，我問了共事多年的同事：「你覺得我出國一年，好嗎？」同事說：「你不怕回來就沒你的位置嗎？」對於很多人來說，有眼前一碗飯吃，勝過你有幾百個夢想，寧可卡死死，也不要輕易放開。

隨後我問了中學同學：「你覺得我離職好嗎？」同學說：「逃避工作不是好事，你想點實際的作為。」對於同年齡的人來說，每個人都在夾縫中生存，你怎麼可以當逃兵。最後我問了神明說：「觀音媽，這年紀出去好嗎？」神明給了一支籤，轉身手刀查詢，意思大概是「你的人生好自為之，自己去選擇」。

中國 西藏 那木措

多年後才明白，為什麼身邊認識的人不鼓勵你去離職，因為每個人都在職場地獄裡翻滾，憑什麼你可以離開，說走就走，要死當然大家一起死。

離職不能解決現實困境，但離職後很多心理問題就都解決

我的離職信，寫了一年修修補補，這個決定，籌備一年瞻前顧後，最終在眾人挽留下得到離開的祝福，他們說：「回來，這個家還在等你。」這點真讓我備感溫馨，甚至痛哭流涕，認為是公司大恩大德，未來必當報以大恩。但歸來後世界沒有改變，只有我的荷包變很空；職場生活沒有改變，我卻痛恨低薪；身邊所有的人都沒變，但我卻變得不想妥協。回原公司後，認為若非我有職場利用價值，老闆也不會輕易收留我，倘若持續用感恩的心回報公司，那麼領低薪替公司做牛做馬也只是剛好而已。

旅途中教會我，解決眼前的磨難就可以迎接嶄新的明天，不過職場困境不是我一個人能解決就解決，牽連到諸多人、錢、制度，是個巨大又複雜的多角習題，倘若決策者老是徘徊猜忌，即使我是孔明再世也最終無濟於事。

那麼，不能解決時，請認份付出勞力，奉獻滿額時數與專業素養，下班後可以選擇成就另一種生活，不再糾結職場的誰在背後說你壞話，或茶水間的流言蜚語。

現實是一個框架，但不是框住人的地方

我想，過去為什麼如此痛恨工作，醒來的第一刻就想離職，大概是過去職場只帶給我生存的意義，卻沒有生活的感動。離開回來才發現，當你眼界不夠廣，離職次數不夠多，自信心不足，才會害怕離職。

有一句俗語是這樣說：「沒什麼事是喝一碗奶茶不能解決的，如果有，就喝第二杯。」套這句話來說，沒有一次離職解決不了的事，如果有，那就離職第二次。離職不是為了解決職場問題，是解決自己的問題。

之後有人問我：「離職去旅行，好嗎？」我都會說：「Why Not？」如果連離職都不能自己掌握，到底你還能掌握什麼？

2

沒有工作不委屈，不委屈不叫工作

認清工作就只是生存，職場生活會比較好過。

改變心態，繁複工作也會變得輕鬆許多

剛畢業時工作，會期待主管給你艱難有挑戰的任務，到了當主管，只希望會議時間不要拖過晚上六點半。經歷壯遊歸來，只想準時下班補習英文，看最近有沒有特價機票，然後遞上假單跟老闆說：「下周我要去出國去。」

以前會把公司當作家，日夜拚命都為它，後來發現拚命多年日子還是過得卡卡。以前期待公司能給更好的薪資待遇，後來明白公司不是給不起，只是不想給而已。既然領的薪水是臨時演員等級，那我能提供的時數跟服務就是這樣，至於那些該死的人事規章、公司制度、ＫＰＩ考績表，也不用耿耿於懷，反正離職之後這些都與我無關，**相信沒有工作不委屈，但不能把自己活得這麼委屈**。

面對主管給予不合理的工作內容，我會委婉推託，不會立即說辦不到，更多的是合理分析為什麼無法執行。過去為了一口氣或是升遷機會都會答應，拚命加班完成上層交辦的任務，往往錯估形勢搞得團隊人仰馬翻，最後還被其他部門落井下石。如今我只做有把握的工作，不做太多無謂的承諾。

面對客戶過多與不合理的請求，我會直接拒絕，但不是立即表示無法做，而是分析給客戶知道其中原委，和團隊成員做更多深層的溝通，而非一再逼迫核心工程師們使命必達。

面對不合理的公司人事規章，我會睜一隻眼閉一隻眼，但面對自己的權益，不會退讓跟委曲求全。畢竟人生不是賣給公司，公司也不會允諾養我一生，該請的特休、多請的事假、該打的下班卡鐘，該付的加班費，一切照規矩來，不要默默吞下委屈、不把眼淚吞進肚子裡。

瑞士 格林德瓦

不好的挫折是經歷，好的過程是精采

剛回來我著實度過烏雲籠罩的低潮，常想為何單單出國一年多，卻回不到旅途前既有的生活模式。我選擇不再下班追著最夯連續劇、不再假日忙著跟同事親友聚餐，大多時獨自在家裡，想念在路上的自己，或許我的靈魂根本沒回來過。那時已經不再想詢問誰的意見，心想既然靈魂不在家，身體就該前往尋找它。

曾經我是一個膽小沒有勇氣的人，旅途教會我：「不好的挫折是經歷，好的過程是精采。」不要因為害怕，錯過了精采的一生，不要因為害怕跌倒，就忘了你還有爬起來的能力。

職場存活很重要，下班生活更重要

曾經我只想當個優秀的職場人，期待爬到金字塔頂端，賺取衣食無虞的薪水，獲得更豐碩的業績，沒想到卻落入了深不見底的坑道。原來當眼光永遠放在比我優秀的人身上，一再追求他人設定的目標，是彌補不了內心的空虛。

歸來後把生活目標放在「嚮往」。下班後實踐嚮往的生活，同時把故事記錄下來，把勇敢分享給需要的人，即使戶頭仍一貧如洗，也不會讓我感到沮喪跟煩惱。

工作跟生活不是對等跟交換，不是努力工作就能擁有美好生活，人若一直都在不對的工作位置上，賠進去的也可能是生活。若能努力把工作融入生活，用工作成就來支撐生活的品質，那麼賺多賺少或許就不是唯一衡量生活的標準。

擁有好的心態，會帶你去更遠的地方

下班後我做了很多嘗試，例如開分享會、寫書、出國自助旅遊，偶爾還要當網友們的心靈導師，倘若有人來問我：「該不該去打工度假？」我都會說：「有何不可。」找到便宜機票就出國四處冒險，許多人會誤以為我兼差賺了不少錢，實際上我還是用原本薪水在支出，再將儲蓄花在嚮往與喜歡的事物上。

我並不覺得自己特別厲害，畢竟普世價值還是要賺大錢、去豪華旅行，但我已經跳脫了框架，心想或許哪天就能離開這朝九晚五的工作，不用在乎賺錢就去走一趟不回頭的旅行。

萬事起頭難，最難的是你待在原地不出發

希望跟失望就是一線之隔，有人問我：「職場努力這麼久，好像永遠都達不到自己理想的階段，是不是直接放棄就好？反正努力一天也是這麼活，混水摸魚一天也是這麼活，做了幾十年，升官無望、加薪無望，日復一日做的都是閉著眼睛能做的。」我說：「人會感到絕望，就代表你知道日子本來就不該這麼過。」

我認為職場打拚好比旅行，每個人都有自己的理想路線，當路線消失時，只能停止前進，而你失去目的地，當然也不會有前進的動力。

職場與生活並非天平，而生存所努力的掙扎也不會等於零。就像旅途中總不停的跌倒、哭泣、無助，換來的就是下一次出發的勇氣跟堅強。努力，不一定有成果，但不努力，原地踏步，別人卻看得很清楚。

3

離職單上寫：世界這麼大，我想再看它一眼

把人生砍掉重來，需要一個決心。

每個職業都有它的瓶頸，不是努力過就可以

剛進入職場時覺得什麼都可以嘗試，經歷一場壯遊歸來後，費了一番力氣才重新適應閱讀程式碼，也感嘆回不去二十幾歲拚命三郎的衝動。

「到底，這份工作還要多久？我還有力氣追著它跑嗎？」我常坐在辦公室望著窗外的藍天深思這個問題，最想念還是在國外旅行時自由自在的時光，躺在草皮上，吃著熱騰騰的蛋糕配著紅酒，一通客戶電話又打斷了思緒。

的確，中年選擇離職的關鍵原因很多，並非只是對工作產生厭倦，你也有足夠的經驗彌補新知轉替慢的代謝，大半是對職場人事環境感到失望，薪資達不到長久期

盼、升等無望，憤怒跟絕望累積到極限時就會想：「再壞就是這樣，再好也是這樣，不如離開換個跑道試試看。」

離職前，給前東家台階下，離職後，也不忙著找工作

就業初期離職常跟老闆鬧翻，搞到兩敗俱傷。年紀越長，越知道說話圓融的重要，離職最忌諱就是帶著仇恨離去，即使當時我對公司的抱怨可持續訴說三天三夜不停歇，但好聚好散，不撕破臉，才是離職最高的指導原則。

我在辭職書上寫著「世界這麼大，我想再看它一眼。」這種白爛理由，想到都覺得好笑，好在老闆最後也沒刁難我，或許看穿我心意已決，就成全我的旅行夢想。離職後，所能做到就是實踐離職單上的諾言，認真去過自己想要的人生。

旅途上現實與夢想的掙扎，只有自己知道痛

三十四歲裸辭去旅行，看似人生瀟灑，實際上無時不感到掙扎，迎面而來都是各種

現實巴掌，打得雙頰鼻青臉腫，國外跟團旅遊一天花一萬，我兩周只能花一萬元，連平常三十塊的麵包都捨不得買，畢竟看著日漸消跌的銀行戶頭，也害怕是不是當初過於衝動。

踏出舒適圈外，皆是篳路藍縷，但沒有踏出去，不知道世界有多大、人種語言有多複雜，更不知道原來不是只有朝九晚五工作才能賺錢，旅途中我也開啟了見縫插針的打工仔生活。

五年後，我擁有一個超過十萬人追蹤的臉書粉專，出過數本書，每年演講數十場，想分享的是「創造自己的價值，是真的要趁年輕還有勇氣」。

偶爾會接各種演講、付費寫稿的工作，學習認真的自我宣傳，因為一直都在旅行，不知不覺就變成眾人口中的旅遊達人，也嘗試接廣告業配、產品宣傳以及撰寫商品體驗文，甚至也有旅行社邀請合作帶團。

日益蓬勃的網紅商機，我靠旅行見聞養活自己

沒有公司的薪水保障，就等同不受限在公司時間與空間的管轄下，當變成一人公司，擁有無限自由，同時必須靠斜槓能力養活自己。我給自己一個最低的生活限度，如果存摺的水平在二十萬以下，就代表準備不足，如果能持續有足夠的收入支撐旅行跟生活，同時還能存到錢，那代表我適合吃這行飯。

倘若那時候沒有下決心把人生砍掉重來，也不會有今日的我，我始終相信，當學會捨棄，就是另外一種獲得。有人問我：「我也在想怎麼在旅行中賺錢生活？」我無法告訴你最好的答案，當你在做某一件，絕對不可能百分之百正確，但至少你很清楚，什麼是你不要的，這樣就很好了。

粉絲也常私訊問我：「到底該不該把人生砍掉重練？」我想，每個人背景不一樣，取決到底有沒有決心，失敗是正常，成功也絕非僥倖。

葡萄牙 里斯本

4 沒有一輩子的工作

別期待一間公司養活你一輩子，拋棄你時他才不會記得當初的諾言。

依賴公司的下場，就是被公司拋棄

A大學念的是英語系，畢業後從事的工作是祕書，三十歲到國外念書回來後轉行成為電子業業務，轉換跑道初期因經驗不足被老闆刁難，常常回家後躲到棉被哭，歷經轉職低潮期，剛好遇到某家公司急缺業務，並對尚為新手的她開出優渥條件，甚至誇下海口承諾，如果做滿多少年就送名車讓她代步，A感到苦盡甘來，並信誓旦旦的對我說：「這會是我最後一份工作。」

薪水從祕書時期的三萬，轉換跑道爬升到五萬多，雖然常要出國參展、出差應酬，一人兼三人的工作量，但她很滿意如今的薪資以及充滿挑戰性的工作內容，唯一讓她抱怨的是公司裡人事相處無法融洽。

沒想到三年後因為一通電話，她被炒了魷魚

某天直屬主管請她打一張報價單送給客戶，但這並非她權責份內的工作，於是她請主管找對的人處理，主管一氣之下要她好好檢討自己的情緒。她感覺自己受盡委屈，明明就不是份內的工作，為什麼偏要她來做，而且也有業務助理，為何要來檢討她的態度，難道公司就是只在乎情緒，而非權責嗎？

兩天後，她到廠商的公司進行工作簡報，她一樣專業的完成自己的部份，但另一位一同前去的同事則什麼都沒有做，廠商生氣到拍桌，認為A的公司浪費彼此時間。

一回到公司，主管就把所有問題推到A身上，她百口莫辯，但為了工作還是決定忍氣吞聲把黑鍋揹下，沒想到主管卻認為她工作能力有問題，決定降薪降職以示懲罰，A整個傻眼，氣到不行。

A當下表示，「那不如叫我離職算了」，主管似乎就在等這一句話，馬上請她去人

事部辦理離職，人事部也馬上請她填寫離職單。A在簽下同意自行離職之前跟朋友抱怨此事，朋友建議她去勞工局問清楚，勞工局表示：「公司不應該無故降薪，這算是變相壓迫，而且必須要依照勞基法給予三十天的緩衝，以及合理的資遣費用。」最後，A直接打電話給老闆，但並非要在老闆那邊討一個公道，只是工作既然已經無法繼續下去，想給自己一個合理的退路，公司不仁在先，何須對公司有義。

原本以為的一輩子，A最後得到三年的工作經驗、一份資遣費用，以及三十天的就業緩衝期。我告訴她：「我們這一代，似乎已經沒有一輩子的工作了。」就算有一輩子的工作，也賺不到輕鬆的退休生活。

除了本業名片上的職稱，你還有什麼？

在私人公司上班原本就無法期待老闆養你一輩子，一旦公司營運出現問題，可能連老闆都要選擇跑路，而公司不願離職的人，通常都是害怕自己找不到更好的工作，無法適應新的環境，更怕要學習新的專業，想用最輕鬆的方式生活。中年被資遣就

新加坡

得認清事實，沒有一輩子的工作，該想想用什麼養活自己一輩子，拔掉職場抬頭，你還剩下什麼？

某天我在清理書櫃，找到數間公司幫我製作的名片，以及拜訪客戶後蒐集的名片，堆疊起來大概有上千張，想到過往我很在意名片上的抬頭，甚至感到驕傲，離開職場後皆成廢紙，而過去花了數年培養的職業專長，離開專業領域就宛若廢物，但若一直抱緊以上不放，我又怎麼會有其他的路可以走。

職稱是一時，工作成就只是人生某個里程碑，當我對自己越誠實，才發現那些徒勞無功的事情也是需要在努力過後才能看見，所以別想未來會變得怎樣，重要的是當下。人生該是你的正職，別跟消耗自己生命的人計較，那是對自己殘忍。你想成為什麼，就必須努力什麼，努力不見得有代價，但絕對不會白費一場。

5 創業好嗎？夢想的後面充滿殘酷

創業不是離職唯一的選項，但絕對是勇敢的選項。

壯遊歸來後，我持續思考該如何跳出待了十幾年的職場生涯。創業是其中一個選項，只是不知道該從何著手。於是拿出一張紙照著心願寫下創業的優先順序，第一是咖啡廳、第二是書店，若都能加上旅行的元素就更好。

開一間咖啡廳的錢，足夠讓你喝一輩子的咖啡

想開咖啡廳的動機很簡單，過去旅途中每當身軀疲憊時，就會想打開手機地圖搜尋「咖啡廳」，在櫃檯前點一杯漂浮冰咖啡，目光搜尋角落最不顯眼的位置，整個下午就獨自坐在那發呆或是看一本書，彷彿世界的紛亂與你無關，只剩我跟這杯香醇的咖啡在約會。

回到朝九晚五的職場後，曾想過利用假日去咖啡廳打工做臥底，深思熟慮後覺得這樣太浪費時間，最終直球對決各家不同咖啡廳的老闆們，坐在吧檯去解鎖每家咖啡廳的開店密碼。不過在一杯又一杯咖啡下肚，聽見的不是咖啡廳老闆們的創業夢想，而是被現實幾乎壓垮的靈魂。

幾乎每家老闆都跟我說：「開咖啡廳沒有你想得浪漫。」並抱怨有些客人坐上一整天只點一杯咖啡、光租金裝潢就燒掉多少錢，以及連鎖企業帶給小咖啡廳的生存壓力。

其中某位咖啡廳老闆對我說：「你開咖啡廳的錢，足夠你喝一輩子的咖啡。」這句話讓我瞬間腦袋清醒，才發現原來過去自己一直喜歡的是「咖啡廳的氛圍」，享受咖啡廳提供舒適的場所，絕非開店創業那些鳥事。

緬甸 仰光

想開一間書店，卻也明白現代人越來越不看書

我有想過，為何八零世代的年輕人仍想開店創業？或許是受上一輩白手起家創業的影響，認為跳脫職場後，仍須有一份正式的職業，創業變成逃離職場的首選，卻沒想到隨著時代改變，許多產業也逐漸沒落，甚至絕跡。

念書時的願望就是開漫畫小說出租店，畢竟青春時代有大半的零用錢都捐獻在此，不過隨著網路寬頻越來越快、智慧型手機普及、各種電商的崛起，手指一滑就可以幫你比價各家，二十四小時送達，越是便利的時代，實體店就越難生存。

即使如此，離職後我還是想開一間書店。在積極去認識許多二手書店的老闆們，甚至還去當某間二手書店的一日店長，從選書到賣書，忙進忙出，一整天下來只賺不到台幣一千元，當下真的迷惘。我問書店老闆：「開書店是不是賺不到錢呢？」老闆笑說：「開書店是一種理念的真實傳達，一本書頂多賺個幾十塊，是無法賺大錢的，卻可以跟許多愛書者有連結。」

我心想，如果開書店連基本的薪資都賺不到，最後搞到自己生存都有問題，那麼這樣的理念真的值得我放棄一切去完成嗎？閉上眼搖搖頭，我沒有信念去克服它，於是我放棄創業的念頭。

為什麼非要一個職稱、一間店，才代表工作存在的意義呢？

越是努力想往創業的路上走，越發現我根本沒有老闆命，也了解大半經營者背後都有一連串鳥事跟血淚史。某位咖啡廳老闆娘就跟我抱怨說：「生意好時，怕咖啡廳人手忙不過來，加上奧客擺你臉色，還在網路寫差評，就會萌生想關店的衝動；生意不好時，就怕多請了計時工在旁邊玩電動，預備的食材又要當垃圾，月底看到財務報表就會內心一陣淒涼。」

於是思考一人工作室的可能，不用把時間空間都綁在公司裡，也不需要把積蓄跟未來投資在一間店裡，透過各種方式賺取生活與旅行費用，沒想到最終走出與眾不同的自媒體路途。

每一個小嘗試，都在為自己的未來鋪路，即使最後成泡沫

嘗試去咖啡廳面試、去接觸書店老闆、去參考旅遊作家的生活，很多不能光靠想，想著是不會有出口，就像許多人喜歡問我：「你旅行的錢從哪裡來？」卻不知道我存多年旅費，我也是當上旅遊背包客之後才知道旅行不用花很多錢。

中年離職後選擇的路很多，創業只是其中一個選項，認清自己是否有勇氣承擔創業的風險，就去思考自己到底適合走哪條路？回到職場也是一個很好的選擇，或許沒有天生適合的職業，而過往經歷會慢慢指引你去創造適合自己的路途。

6 沒有工作的日子，想念有工作的日子

人總是不滿足當下，所以才要學會「滿足」兩個字。

我曾霸氣在離職原因上寫「去環遊世界」，實際上卻很懷疑這個決定是否過於衝動，畢竟當時年紀不小，戶頭裡的存款仍然不足，倘若一年只花個三十萬，兩年之後馬上清空見底，最後還不是要回到職場做牛做馬。

沒有工作，不代表人生就是自由自在的

裸離職前的一個月，我已默默預定後半年往返各國的機票，期間我去了日本、泰國、韓國、馬來西亞與中國各地旅行，原本以為放下工作後旅行起來就不再綁手綁腳，不用擔心信箱客戶的來信、不用擔心工程師來電、不用夾在主管與老闆之間左右為難，不過快樂的時光似乎只有兩個月，看到日漸消瘦的戶頭存款，眉頭總不自覺的緊繃起來。

冬日在釜山獨自旅居兩周期間，獨自散步在吹著冷冽海風的海雲台沙灘旁，心想這兒該不會是旅途的終點吧？回到旅社不經意開了人力銀行的網站，選擇產業別跟地區，看了幾家公司的簡介之後，正要投遞履歷時我又猶豫了，難道一輩子都要輪迴在資訊產業中嗎？不就是認清自己不適合才跳出的嗎？

我把旅途的心情一點一滴地分享在網路上，除了分享途中的美景外，更多是內心崎嶇轉折的心境，事實上我沒眾人所說的那麼勇敢，沒工作的日子、拚命玩耍的日子，還是會擔心未來的日子活得並不如當初預期美好。

你的人生只有自己能決定，收入也是

離職之前我出過三本書，第一本書花了我半年時間寫作、半年無償宣傳，版稅加總約是當時一個月的薪資。第二本書則只有微薄的稿費，離職前出第三本書時，我並不期待靠出書能賺錢。

不過透過出版書籍以及經營多年部落格，我已經不是當初去打工度假時的完全素人，網路上也越來越多人追蹤我離職後的奇幻旅程，寫信給我，說我的文字救贖他們的心靈，甚至被邀請至各大單位演講；也有電影商希望我幫忙寫推薦文，還有各種廠商的合作邀稿，開啟各種多元收入的可能。

剛開始收到合作邀約信時，一是驚喜、二是手腳忙亂到不知所措，尤其看到「期待報價」那一欄，完全不知道文字的影響力也可以轉換成現金，之後才認真研究「自媒體」這個產業，原來不知不覺中我已經在其中。而過往旅程中讓我具備的知識與故事，除了成就自己想要的生活外，還可以支撐未來的旅費。

一人公司，所有辛酸也只有一人知道

離職前後出的兩本書在當年出版市場銷售特別好，版稅已非第一本書可以比擬，除了可以完全支付這幾年全部旅費外，還有各式演講邀約跟後續效應。逐漸我也走出失業的慌張感，畢竟領了數年的月薪，突然半年沒收入，就算別人怎麼看好自己，都還有說不出來的擔心受怕，就怕理想終歸白日夢一場。

幾年下來，踏實走過了入不敷出的窘境，也創造出多元的斜槓收入。不過曾幾何時也萌生退意，經營自媒體並不容易，期間會有一堆鳥事發生，包括廠商突然放鴿子、粉絲死纏不放的追捧，或是有人惡意中傷，而全部的無奈、難受只有自己一人承受，全部的心累只有自己明白，沒有同事可以分享，或是誰來接住直接墜落的情緒。

有幾次想關掉部落格、社群媒體，默默消失在網紅海中，回歸平凡又任性的上班族，還好有家人跟朋友陪伴我走過生命低潮，調整心態跟方向不再糾結他人的眼光。

沒有上班的日子，總想念著在辦公室茶水間跟同事八卦嘻笑的時光，人老是學不會滿足，職場來回間才明白，有沒有工作不重要，重要的是學會把眼前日子過好，把日子過好，無論做什麼工作都會自然好。

AUGUSTO TEA HOUSE
CONFITERIA
AUGUSTO TEA HOUSE
AUGUSTO TEA HOUSE
PILSEN
PILSEN
PILSEN

烏拉圭 科洛尼亞

7

日子停不下來，就讓自己慢下來

山不轉，沒有路，那就自己去開創自己的路走。

離職後幾年經營自媒體，從懵懂到越來越熟悉網紅產業，也逐漸在創作內容跟廠商合作間如魚得水，也不再瀟灑的獨自遠行，嘗試陪伴爸媽去國外自助旅行，把旅行跟生活結合在一起，成為名副其實的旅遊達人，實踐走到哪裡賺到哪裡，把環遊世界當成人生最重要的事。

計畫趕不上變化，沒有穩定的工作，就自己穩定下來

二〇二〇年突如其來的新冠肺炎疫情席捲世界，同時重創全球的旅遊業，飯店關門、飛機停飛、名產店倒閉，對於依賴旅遊觀光的產業來說，或許是歷年來最糟糕的一年，沒有國外觀光客進來，彷彿過去準備好迎接外國友人的一切，瞬間都不再被需要。

旅遊類的文章觸及降到低點，一切合作計畫都只能停擺。疫情初期我至少三個月的時間呆坐家中看漫畫、追連續劇，身邊從事旅遊工作的朋友也是比慘。

A在台北的青年旅館中擔任管家，因疫情關係被資遣，她原本計畫結束旅館工作後要去歐洲開間旅店，停職期間也很迷惘，此時眾家旅遊複合空間紛紛收攤打烊，她卻毅然決然開了一間店，她說：「與其讓自己在原地重複做著同樣的事情，等待別人給飯吃，不如自己開間店闖一闖。」

B是在某大旅行社的國外領隊，過去年薪數百萬，如今也只能靠領上課補助過活，親友總問他接下來要幹嘛，好似日子不能這樣過下去，此時剛好有些職業培訓課程補助，他就決定什麼都去試一下，或許哪天不做領隊，還有一技之長可以做。

疫情對某些人來說的確是個高門檻，不過時間不會因此而停止，人除了需要有解決問題的能力，更重要是適應各種環境的心態，計畫趕不上變化，就順著日子不同變化，停不下來，就讓自己慢下來。

奧地利 哈修塔特

生命不會沒有出口，只怕你沒有想找答案的動力

要廢兩月餘，我告訴自己：「別老想日子難過，而是想想眼下能做什麼？」於是想了幾種方法：第一、回資訊業混口飯吃，第二、去咖啡廳打工，第三、整理遊記並分享旅行。然後攤開銀行戶頭本，確認是否有資金缺口非要回職場出賣身心勞力換取生存，心想不工作省點花也應該能度過幾年，於是逐步整理遊記、創作文章，學著把日子踏實下來，盼歲月能給自己想要的。

沒想到，這是轉折點，也是另外一個起點，從一場演講延伸到數十場邀約，廠商邀稿的廣編文從頭到腳無一不缺，靠著網路影響力逐步從旅遊達人成為營收穩定的自媒體，或許這一點也是當初始料未及的。

如何面對職場鉅變？我說關鍵在於心態

你的眼界決定人生的疆界，你的經歷決定往後的精采，而你的心態決定成功的關鍵，別害怕突然間努力化為灰燼，而忘了在最初時人都是一無所有，當你籠罩在眼前的迷惘，實際上還有很多條路可以走，只有把心態調整到最舒服的位置，才能應對各種生活的挑戰。

我認為最壞的時代，總會有最好的結果，最低潮的沮喪，必定迎來好事發生，就像雨過天晴看見彩虹，畢竟路經谷底之後，往前走山坡便不遠矣。如果覺得世界很複雜，請慢下腳步，緩緩地思考存在的價值，捨棄不要的，找尋嚮往的，留下真實的，懂得為自己開心地活著。

8 人生就是一路奔波，徒勞無功，不能想太多

幸福不在於你有什麼，而是你能選擇什麼。

跨越三十歲那幾年我常想，職場打滾數年，賺著不太多的薪水，窩在湊租的套房，到底這樣的日子還要過多久？會不會就是一輩子？怕後悔，也怕青春一去不復返，若日子繼續這樣過，不如跳出框架轟轟烈烈走一回。

幾位同學中，我率先跳出框架跑去旅行，從追趕跑跳碰的資訊業跳自媒體經營，接著有幾位同學也陸續離軌。A從設計師變成蛋糕烘焙師，B從養老的社福產業跳回整日爆肝的行銷公關，有人跳出框架，也有人跳入框架，此時勇氣變得很珍貴。

跳出來職場框架就能找到幸福嗎？

A原本在體育網路公司當視覺設計師，公司上下都依賴他一人，隨著北漂多年的室

友要退租或返鄉，他毅然決然把優渥又悠哉的工作辭去，搖身變成時尚甜點師傅，在半山腰郊區跟親戚一同經營間咖啡廳。他說：「我最受不了上班整天都沒人跟我說一句話。」

營運一間咖啡廳並不像書上寫得簡單，原本一周開五天，後來只剩開三天假日營業，三年後還是不敵營運瓶頸，最後決定頂讓。A有點迷惘接下來要做什麼，心想或許回職場工作算了，我則說：「近四十歲這般年紀，薪水就不上不下，扣掉交通、房租，加上要融入職場的準備，恐怕會心力交瘁到不行。」

A陷入進退兩難的抉擇，跳出才發現不是回不去職場，而是習慣自由散漫的生活後，即使賺不了大錢，也不想再為少少的五斗米折腰。我勸A不如就在自家樓下開間小店，只要收支平衡、日子過得去，比朝九晚五的上班族都來得強。

北塞浦路斯 尼克西亞

養老的工作不見得是每個人的嚮往

B大學畢業後就在離家不遠的某非營利公司擔任要職，工作三年多，差不多已經做到一人以下、眾人以上的職等，擁有穩健的薪資、走路就可以到的辦公場所，以及沒有任何挑戰的工作內容。但B的內心還是有個小願望，回到所學的本科「公共關係」，進入地獄職場扎實的修練。

三十多歲回到競爭激烈的行銷公關業，彷彿就像進入新鮮肉體叢林的老白兔，除了她和主管外，其餘都是二十歲出頭剛畢業的小鬼。她重新體驗剛入社會時的青春熱血，下班唱KTV、加班到半夜、跑活動到日夜顛倒，身邊的人都覺得她撐不過三年，沒想到過了三年後、又三年。B說：「這是份有使命的工作，至少我很有活著的感受。」

B不知道在這個行業還有多少三年，或許離開前一間公司很可惜，明明可以一輩子輕輕鬆鬆做到退休養老，但這不是她要的生活。假使現在的工作也不是她想做一輩子的，怎麼辦？日子不是選擇題，選了就要認份的過，至少不要在壯年時就讓熱情死去，過好眼前能過的生活，就是好生活。

跳出職場的考驗，不是每個人都能飛黃騰達

社群媒體引領許多新興職業，斜槓的自雇者變成了時下最熱門的選擇，一個人身兼多職擁有不同身分，也不受限在某個時間空間中。身為先驅者的我常四處演講分享經歷，告訴台下的聽眾說：「與其在原來的職場找不到過活的靈魂，為什麼不去創造屬於自己的天地呢？跌跌撞撞的活著精采，好比數著鈔票黯淡一生。」

也提醒嚮往的年輕人，所謂的夢想，並不是拚了命就可以到達，尤其好不容易找到安身立命的位置時，卻發現它隨時會被人剝奪，計畫永遠趕不上變化，只能讓自己隨時適應變化。

人生就是一路奔波，然後徒勞無功，追求不悔

當然不是人人都想轉職跟創業，也不是每個人都可以說走就走闖出不同的人生。仍有人在原職場發光發熱，也有人無時不怨天尤人、整天喊著想離職，但同事都走光他還留在原地。誰的人生不迷惘？至少中年後人生能有選擇權，走自己嚮往的路途，就算兜兜轉轉，又回到原處，都比永遠在原地抱怨得強。

幾年後的同學會，一群人聊起這幾年彼此的變化，出社會後最終都變成當初不想成為的大人，也學著勇敢跳出既有舒適圈去定義中年後嚮往的人生。各自選擇沒有好壞，只不過結束後從朋友口中聽到，那幾年我被羨慕了好一陣子，畢竟年過三十能瀟脫做自己的人不多，許多人都被現實跟家庭綑綁，理想就空在那裡不知道幾時才能如願。

我說：「能選擇的人，都是幸福的人，不能選擇的人，不代表一輩子都無法選擇，幸福不在於你有什麼，而是你能選擇什麼。」但願幾年後，我們都能安然又從容的往目標邁進，走完自己選擇的路程。

9

別急著退休，活到老，做到老

把眼前的磨難當成未來的養分，一天都要比一天活得好。

父母那一輩老叮囑下一代要趕快賺錢，買房、退休，然後呢？彷彿就可以輕鬆過下半輩子。不過我並不羨慕退休老人，反而覺得做到老、活到老，人生比較精采，前提是做心有所屬的志業。不過人出社會後往往只能隨波逐流，能找到讓自己發光發熱的工作比大海撈針還難。

別急著退休，或許瞬間就活成了退休

曾經我很羨慕A在歐洲開旅行社，他研究所畢業後就不務正業跑去世界流浪，旅行途中到巴爾幹半島的奧赫里德湖畔旁，索性不想離開，於是在異鄉開了半年的民宿，過足退休悠哉的的生活，不過未滿三十歲的他不甘寂寞，於是又再創立一間旅行社，專門推廣背包旅行。

A說，萬事起頭難，初期客人從住宿到飲食無一不嫌，沒想到過了三年，舊客人絡繹不絕回鍋，愛上了這種半自助的探險旅程。日子一久他便感到有些厭倦，對我說：「期待做完明年就退休，把棒子交接出去，就找個地方就開始過著愜意的生活。」

沒想到突如其來的肺炎疫情，讓A的收入直接從坐雲霄飛車跌入谷底，初期我還很擔心他會不會淪落街頭，他笑說：「日子還是要過，在柏林租了房，報了語言課程，偶爾就接一些翻譯案，人在國外總會有活下去的方法。」正如當初我以為旅行只會花光積蓄，沒想到還能賺錢，當碰到疫情劫難，還是需要轉彎。

「計畫永遠趕不上變化」，是我對於同輩職場求生存的感慨，經歷無數次金融風暴、經濟轉移、大公司倒閉潮，真的不期待一份工作能做到退休，也不期待一個職涯就是永遠，把自己變強，變得能屈能伸，能適應變化，在適者生存的未來才能有一席之地，去擔心無法改變的，不如就做自己能調整的。

沒錢有沒錢的活法，別把日子活得太單一

我裸辭後開啟自由業，曾經以為這樣的任性會窮困潦倒，現在卻是另外一個自由天空，或許驗證一句話：「你若只看重眼前，就不會有以後」，你若只想著眼前，就看不到其他人在跟你招手。

年輕時，可以把大部分時間賣給工作，每天花數小時通勤，搬到台北的地下室租房子，或著住在頂樓會漏水的狹小空間裡，期待哪天會過上好日子，不用再忍受貧窮的歧視。但過了某一個年紀，不再希望工作佔去生活的全部，賺該賺的錢，存點退休的錢，能用點錢去旅行增長見識，能用點錢買點好吃的讓自己開心，賺錢是為了把日子過好，不是為了給誰看薪水條上有多少個0。

旅行到柬埔寨吳哥窟時，看管飯店門廳的員工分享自己一個月薪水只有十元美金，當時聽到下巴差點掉下來，但門廳笑說，不是有足夠薪水才能活著，他會兼差，也會下田工作，這只是他其中一份工作。重點是，他並不覺得日子過得很辛苦。

去經歷嚮往的生活，就可能成為一輩子的志業

朋友曾問我，還想回職場工作嗎？我說，不了，或許在家附近咖啡廳打工也可以，這年紀當打工仔也很好，職場應該有很多種樣貌，生活也不應該侷限在某一種名牌效應。

而我也不認為寫作會是一輩子的收入來源，但相信把眼前每件小事做好，機會就自動找上門。旅行中學到的人生減法，是明白在有限度的生存後，如何把錢花在自主的人生中，選擇承擔的生活，才能離開錯的谷底。

錢沒有覺得夠用的那一天，但錢和朋友都是足夠就好，試著讓欲望歸零，生命才可以重新出發，把時間跟金錢花在你想要的人生中，學習為自己生活，而不是過度在意世界的貧富不均。

北馬其頓 奥赫里德湖

10

沒有穩定的職場，不想貧窮，就把自己變好

人的任性，是需要很多人的成全，自己的任性，是需要自己義無反顧的成全。

有天朋友問我，主管要把她弄走，但同事不想她走，讓她好生為難，自己被迫簽了自願離職單，公司卻找不到接替的人，希望她可以繼續支援，該怎麼辦？

我說，你先被拋棄，又被拜託，如果還想有點骨氣，就離開這個讓你糾結的地方，同事再好，也只是圖你的好，你若真的這麼好，到哪個職場都會很好。

工作近二十年被通知裁員，或許是轉職的新契機

讓我想起朋友A前陣子收到資遣通知，公司準備在數個資深的業務助理中裁員一名，她一開始晴天霹靂到無法接受，跟我抱怨為公司做牛做馬二十年，公司說沒賺

錢就要裁員，簡直不讓人活。過了一個月餘，卻又突然跟我說：「真希望被資遣的是我！」

我實在不太理解其中原委，她則娓娓道來：「過去不是沒想過離職，只是害怕找不到更好的工作，只求日子安穩，勇氣永遠不到位。正因為有這次契機，終於決定要跟丈夫合開公司，兩人共同攜手走不同的路。」

她算過領完資遣費，外加六個月的失業給付補助，是一筆為數不小的進帳，同時也迎來新的機會，心態轉個方向，連日煩惱撥雲見日，中年失業的煩惱反變成了下一站的人生契機。原來可怕的不是被資遣，而是不知道離開舒適圈後，接下來要做什麼。

失業不可怕，怕的是你只會做眼前的工作，放棄其他可能

失業生活對我已逐步駕輕就熟，重返職場才變成心中的疑慮，疫情之下也曾考慮回

鍋職場，但越是分析其中利弊，就越覺得與其把時間勞力賣給一間公司，不如好好加強自身能力，靠不同的斜槓身分創造替代收入的可能。

經營自媒體頭幾年我非常有原則，只接旅遊相關合作，疫情之後我放下偏見，接觸不同產業合作，演講的議題更延伸至職涯選擇跟單身兩性，在身上放上更多元素的標籤，創造與粉絲更高的互動與信賴，反倒居家工作比出外旅途更加忙碌。

如果不選擇改變，那麼就會害怕改變

從職場跳脫花了數年的時間成為一個被人信賴的旅遊達人，不只是為了生存，更是不放棄去接近內心深處種下的美好，認為心中有夢、築夢踏實，歲月並不會在我身上奪走任何熱情。

夢想不應該被限制在年齡、金錢跟別人身上，沒有「夢想要趁年輕去實現」，也沒有「過了青春就該為未來打算」，走別人鋪好的軌道看起來一帆風順，自己過得快

比利時 布魯日

不快樂心裡有數。或許這個世界不存在現實版的童話世界，能決定未來的人一直不是別人，不是價值觀，是自己。

如果沒有去設想未來的模樣，就永遠到不了那個地方

別煩惱世道無法改變，眼皮下的日子才重要，努力不見得會有成果，生命的充實感會在當下熱切地回報你。無法旅行的日子，更慶幸自己有勇氣踏出職場去走五年多的旅途，不是待在職場牢籠中日復一日的好似行屍走肉，既然選了這條路，又怎麼會後悔這個選擇，就怕連選擇都沒有，一直在原地抱怨生活，不是嗎？

一個人的任性，是需要很多人的成全，自己的任性，是需要自己義無反顧的成全，你的夢想，不需要全世界的人認同，你的未來，也不需要跟身邊的人一樣。

11

薪水多少？夠用就好

工作可以沒有成就感，生活不能沒有儀式感。

某人跟我抱怨職場遇到霸凌，家人又不諒解，身邊的朋友一個又一個離開他，讓他覺得對世界很失望，問我人生該怎麼辦？我說：「現實原本就是殘酷，你只是在經歷殘酷。」

生老病死是殘酷，沒錢是殘酷，失戀是殘酷，每個殘酷的背後，往往都告訴你很重要的一件事：這世界本來就這麼糟糕，而且可能還不是最糟！

不願靈魂死在四十歲之前，就必須改變心態

「你薪水多少？」是職場人的祕密，也是痛苦來源，試問到底薪水要多少才會滿足？有篇文章的標題是〈四十歲薪水不到五萬真的很少嗎？〉這句話不知道往多少人背後射了冷箭，人到底有多少錢才會足夠？擁有多少薪水才算富有？

過去，我也卡在薪水迷思中，畢竟同個職場做了近十年，薪水只有三萬多台幣，很羨慕在金融業工作年薪百萬的A，也羨慕出生就是金湯匙的B。不過在我轉行自由工作者後，逐漸發現薪水少並不悲哀，活得不耐煩才悲劇，工作以外是生活，大多人沒有把生活過好，反而寄託職場只求高薪，忘了活好並不需要太多錢。

工作可以沒有成就感，生活不能沒有儀式感

年近四十的A有天找我聊天，提及目前工作不好也不壞，薪水還過得去，卻也想要不要嘗試其他路去走走，詢問我的意見如何。我倒不鼓勵A離職，反而讓她去多發展各種興趣，我認為工作是工作，工作以外是生活，工作可以沒有成就感，生活不能沒有儀式感，創造生活儀式感，跟工作沒關係。

瑞士 琉森

畢竟人到中年，心態包袱就越來越多，婚姻不可能說離就離，工作不能想辭就馬上辭，日子不能不顧他人眼光過。人在退卻青春熱情後，創造生活溫度的層次感比起工作成就感更重要，畢竟再高薪資、再忙碌的工作，身邊沒有可靠的人、有嚮往的旅程，就像住在高塔上，也無法跟人分享喜悅。

所有事物的看法都是一體兩面，如果只執著某一面，就會忘記有其他可能。就像旅程你只想到快速到目的地，就會少了享受旅程中間的樂趣，老是去想自己做不到的，就會忘記自己所擁有的。

為了收入工作，天經地義，雖然有些工作真的無聊，上班就和機器人沒兩樣，但換個工作若沒有比較好，就培養一下生活舒適感，忘掉工作的煩悶，哪天，時機成熟，錢也賺得差不多，不是工作需要你，而是你可以頭也不回地瀟灑離去。誰都想財富自由，但你沒有財富前，學會讓生活自由。

改變心態，永遠是解決困境的好方法

如今有人問我「請問你薪水多少？」我會回：「夠用就好。」畢竟錢賺太多，倘若失去健康、尊嚴跟自我認同，也是得不償失。所以寧可少賺一點，也不想被金錢收入高低所綁架。

你對世界失望，世界不痛不癢，你對別人絕望，別人懶得理你，最殘酷的是，你恨的是自己，卻無法消滅這些負面情緒，因為你認同殘酷在傷害你。

知道自己有什麼，才能明白該怎麼過活，學會不把他人箭靶放在心上，而是放在地上，他人的評論，看看，笑笑，罵兩句，誰在乎你。只有自己在乎自己，才是真的。

終章 寫給迷惘的半熟群，就死皮賴臉活著吧！

這幾年老有粉絲問我：「雪兒，你幾時出下一本書。」

我都說：「快了。」

沒想到一擱就是五年，不是不想寫，而是在紙本出版跟網路文章中我選擇簡單的後者，畢竟出書這事是看緣分，於是在幾家出版社邀請下，選了一個跟我年紀相仿的編輯，我想她應該懂邁入四十歲的關卡與不卡。

三十歲後我逐步對人生開始做出選擇，包括不結婚生子，不繼續職場工作，成為一名自由工作者，然後把賺到的錢都用在旅行上，身邊許多人羨慕我，認為離職不幹

台灣　桃園

後就雲遊世界是他們夢想的生活，但他們不太清楚背後我嘗試了什麼、經歷哪些磨難、後面選擇了什麼？

當然，我也不是一直拚命，私下我也很耍廢，即使知道追劇就是浪費時間，知道吃鹹酥雞跟珍珠奶茶對身體不好，偶爾會對自己放縱，我告訴自己：「別把人生逼到絕境，那麼眼前風景到處都能開花結果，你在乎的是當下，是眼前，不會擔心別人口中的未來。」成為一名有用的廢物，做自己想要的就好。

四十歲的關卡是面對事業跟愛情一事無成，以及不求上進的心態，明明該是中流砥柱的社會階層，但無論職場跟感情都呈現喪家之犬的無能狀態，外在身軀是四十，心態卻只有二十，只想做夢，不想做工。

四十歲的不卡是面對自己已學會不強求、不苛求、不硬求，只要身體健康、付得起信用卡帳單就是滿分，朋友圈越小越好，生活圈越單純越好，感情圈盼月老別忘我，職場圈不勾心鬥角就好。

當我對生活越有主見，日子就過得越發偏見，寫到最後一章節都覺得四十歲的我到底怎麼了？朋友能絕交就絕交，感情不結婚也很好，工作別把自己搞得太茫然，不孝順也是一種家人相處方式，做自己真的不難，只是意志要很堅定。

邁入熟齡之際，我立志要把日子過成自己喜歡的模樣，但不要再像過去一樣拚命，想走慢點就走慢點，想快點就走快點，賺錢很重要，旅行很重要，但沒有健康的身體，什麼都沒用，重要的是我能擁抱不確定，逐步走向喜歡的境地。

謝謝陪伴在我身邊的朋友，總在我低潮時給予我擁抱，還有苦苦等待出書的粉絲們，期待此書每個章節都能給眾人不同的思考觀點，以及任性包容我的家人，總讓我在社群平台出賣你們的點滴日常。

旅行，依舊是我人生的夢想，走下去，沒有回頭的理由，也期待疫情過去的春天，一期一會的相聚。

—全書完

VU00140

生活中，選擇留下合適舒服的人

作　　者　謝雪文（雪兒 CHER）
主　　編　林潔欣
企　　劃　王綾翊
封面設計　林秦華
內頁設計　徐思文

第五編輯部總監　梁芳春
董 事 長　趙政岷
出 版 者　時報文化出版企業股份有限公司
一〇八〇一九臺北市和平西路三段二四〇號三樓
發行專線（〇二）二三〇六—六八四二
讀者服務專線　〇八〇〇—二三一—七〇五
（〇二）二三〇四—七一〇三
讀者服務傳真　（〇二）二三〇四—六八五八
郵撥　一九三四四七二四時報文化出版公司
信箱　一〇八九九臺北華江橋郵局第九九信箱

時報悅讀網　http://www.readingtimes.com.tw
法律顧問　理律法律事務所 陳長文律師、李念祖律師
印　　刷　勁達印刷股份有限公司
初版一刷　二〇二一年五月二十一日
初版十三刷　二〇二四年五月二十三日
定　　價　新臺幣三六〇元

（缺頁或破損的書，請寄回更換）

時報文化出版公司成立於一九七五年，並於一九九九年股票上櫃公開發行，於二〇〇八年脫離中時集團非屬旺中，以「尊重智慧與創意的文化事業」為信念。

生活中，選擇留下合適舒服的人 / 謝雪文（雪兒 CHER）圖．文．-- 一版．-- 臺北市：時報文化出版企業股份有限公司，2021.05
面；　公分
ISBN 978-957-13-8928-8（平裝）
1. 自我實現 2. 生活指導
177.2　　110006327

ISBN　978-957-13-8928-8
Printed in Taiwan